THE BIG RESET

빅 리셋

THE BIG RESET

빅 리셋

포스트 코로나 시대의 필수 무기, 셀프 트랜스포메이션

심효연
지음

상상출판

프롤로그 빅 리셋 버튼은 이미 눌러졌다

포스트 코로나 시대에 우리 사회가 어떻게 변화할 것인지에 대해서는 이미 많은 전문가들이 다양한 미디어와 플랫폼을 통해 방향성을 제시하고 있다. 하지만 산업 경제의 중심인 수많은 기업과 그 기업에서 근무하는 조직 구성원들을 위한 실제적인 정보는 여전히 부족하다. 기업의 경영자들과 조직 구성원들은 어디서부터 근본적인 변화를 추구해야 하는 걸까? 그들은 코로나19 이후 우리 사회의 전반적인 변화와 미래에 대한 예측이 아니라 조직 내에서의 변화 방향성에 대한 현실적인 조언과 정보를 원한다. 이 책은 이 부분에 대한 길잡이가 될 수 있다. 오랜 기간 조직에서 HR 전문가로 근무하면서 현업 경험을 통해 깨달은 실제적인 내용을 담았다. 내용에 들어가기에 앞서 우선 다음 세 가지 사항에 대한 중요성을 인식한다면 좀 더 전체적인 흐름을 이해하는 데 도움이 될 것이다.

첫째, 변화의 필요성과 시급성에 대한 인식이다. 굳이 강조하지 않아도 100세 시대에 더해진 포스트 코로나 시대라는 현 상황 자체만으로도 당위성은 이미 충분하다. 안정성을 추구하고 현재를 유지하려 할수록 가장 먼저 희생양이 된다. 반대로 변화를 당연한 것으로 인식하고 이에 맞춰 유연하게 대처할수록 미래의 안정성이 보장된다.

둘째, 코로나19 이후 각 기업이 중시하는 우선순위의 변화와 함께 조직과 조직 구성원들에게 요구되는 보편적 기준 또한 이미 상향 평준화되었다. 변화에 가속도가 붙은 현재 상황에서는 과거 경험으로부터의 정답이 아닌 현재 상황에서의 빠른 판단력을 통해 최적의 해결책을 도출하는 역량이 더 중요하다. 코로나19로 인해 선진 기업들에만 국한되었던 역량 기준이 모든 기업과 구성원들에게까지 점차 확대 적용되고 있음을 인식해야 한다.

셋째, 조직과 조직 구성원의 관계성에 대한 의미를 재정립할 필요가 있다. 조직과 조직 구성원은 의존 관계가 아니라 서로를 효율적으로 활용하고 성장을 돕는 쌍방향 파트너십 관계다. 쌍방향 파트너십에서 가장 중요한 핵심은 조직과 조직 구성원 각각의 자기 주도성이다. 조직이라는 곳이 개인에게 있어 더 이상 경제적인 고민을 해결하는 안전망에만 머물러선 안 된다. 조직 또한 일부 핵심인재에 대한 의존이 아닌 누가 빠져도 상관없는 스스로 돌아가는 조직 구조를 갖춰야 한다. 그러려면 서로를 효율적으로 활용함으로써 서로의 성장에 기여하는 선순환 구조를 만들어야 한다.

현재 우리 사회는 산업, 경제, 문화 등 전 영역에 걸쳐 빠른 속도로 '리셋Reset'중이다. 리셋은 '다시 맞추다'라는 의미로 무언가를 초기화하거나 새롭게 시작해야 하는 상황에서도 종종 사용된다. 하지만 지금 상황은 단순히 새롭게 시작하는 리셋 차원을 넘어 본질적인 사고 체계의 대전환이 필요한 시점이다. 리셋을 넘어 완전히 새롭게 탈바꿈하는 수준에 걸맞은 '빅 리셋The Big Reset'을 서둘러야 한다. 성공적인 빅 리셋을 위해서 우리가 장착해야 할 기본이자 핵심이 바로 '셀프 트랜스포메이션Self-Transformation'이다. 해석의 방향은 여러 가지일 수 있지만 책에 담고자 하는 내용과의 연관성을 고려한다면 '자기변혁'이 가장 근접한 의미다. 살면서 변혁의 필요성을 논할 수준의 상황과 맞닥뜨릴 일은 그리 많지 않다. 적어도 코로나19 사태가 발생하기 전까지는 그랬다.

하지만 코로나19로 인해 셀프 트랜스포메이션은 앞으로 우리가 반드시 갖추어야만 하는 필수적인 사고 체계이자 무기가 되었다. 그렇다면 성공적인 빅 리셋을 위해 셀프 트랜스포메이션 역량을 장착하려면 어떻게 해야 할까? 본문에는 이 부분을 조직과 조직 구성원 관점으로 나누어 비중 있게 다루고 있다. 조직과 조직 구성원은 쌍방향 파트너십 관계이므로 어느 한쪽의 변화만으로는 지속성이 떨어진다. 각각의 변화가 반드시 동시에 이루어져야만 한다. 조직원이 근본적인 사고 체계의 변화를 통해 셀프 트랜스포메이션 역량을 강화해야 하듯 조직도 마찬가지다. 근본적인 체질 개선을 통해 급격한 변화에도 유연하게 대처할 수 있는 구조로 전환해야 성공적인 빅 리셋을 위한 셀프 트랜스포메이션이 가능해진다. 세상은 이미 변했고 변한 세상에 맞춰 빅 리셋을 시작해야 한다. 그 시작점이자 가장 중요한 핵심인 셀프 트랜스포메이션 역량은 이제 선택의 문제가 아니라 생존을 위한 필수적 요소다. 빅 리셋 버튼은 이미 눌러졌다.

HR 전문가 **심효연**

목차

PART 2

셀프 트랜스포메이션을 위한 필수 지침

PART 3

조직원의 셀프 트랜스포메이션

PART 4
조직의 셀프 트랜스포메이션

PART 1

포스트 코로나 시대의 넥스트 노멀

01 눈 떠 보니 변해 버린 세상

'눈 떠 보니 변해 버린 세상'이란 표현을 현실에서 사용하게 될 날이 올 줄은 몰랐다. 상상력에 기반한 영화와 드라마에서나 어울리는 표현이라 생각했었다. 코로나19가 발생하기 전까지는 말이다. 매일 새로운 소식들이 어제의 뉴스를 밀어내고 기사의 헤드라인을 장식한다. 상황이 실시간으로 달라져 초반 집필 내용 중 일부를 삭제했다. 불과 몇 달 만에 굳이 언급할 필요조차 없을 정도로 모두에게 익숙한 내용이 되어 버렸기 때문이다. 운이 좋아 코로나19가 종식된다 해도 그것이 끝이 아님을 우리는 안다. 이미 세상은 코로나19 이전과 이후로 나뉘었다. 이는 단지 시기적인 구분만은 아니다. 사회, 경제, 문화 등 전 영역에 걸쳐 우리의 삶이 변화하고 있다. 2008년 금융 위기 이후 저성장, 저금리, 저물가가 하나의 추세로 자리 잡으며 나타난 세계 경제 질서의 특징을 지칭하는 '뉴 노멀New Normal'이라는 개념이 있다. 이전 상황이 여전히 진행 중인데 이제는 '넥스트 노멀Next Normal'이라고들 한다. 넥스트 노멀은 포스트 코로나 시대에 전 세계적으로 자리 잡게 될 새로운 경제, 사회적 변혁을 지칭하는 표현이다. 글로벌 컨설팅 회사인 맥킨지앤드컴퍼니McKinsey & Company는 보고서를 통해 2008년 금융 위기 이후부터 코로나 이전까지가 뉴 노멀이었다면 코로나 이후는 넥스트 노멀이라고 언급했다. 코로나19가 아니더라도 2020년 연초에 전문가들이 내놓은 경제 전망은 그리 밝지 않았다. 저출산, 저성장, 초고령화라는 3대 악재, 주 52시간제 확대, 2018년과 2019년 연속 2년에 걸친 최저시급 총 27퍼센트 인상, 이에 따른 각 기업과 소상공인의 인건비 부담까지 더해져 이미 상황은 녹록지 않았고 여전히 진행 중이다. 그런데 이제 우리는 포스트 코로나 시대의 넥스트 노멀에 맞춰 또다시 적응해야 한다.

디지털 트랜스포메이션으로의 전환

스마트워크, 화상 회의, 온라인 교육, 전자상거래 등 단지 선택적 요소에 불과했던 사안들이 필수적인 요소가 되면서 많은 사람이 새로운 경험을 하게 되었다. 자발적인 것이 아니라 어쩔 수 없는 상황에서 선택한 최선의 대안이었다. 하지만 막상 경험해 보니 의외로 편한 점이 많아 반드시 대면 방식만을 고수할 필요성이 있을까 하는 물음을 가지게 됐다. 물론 실효성을 높이기 위해서는 기술적인 보완이 좀 더 필요하겠지만 예기치 못한 상황에서도 우리나라가 일상생활이 가능했던 건 이미 디지털 인프라를 갖추고 있었기 때문이다. 코로나19가 20년 전이 아닌 2020년에 발생했다는 걸 그나마 다행스럽게 생각해야 한다는 결과론적인 생각까지 든다.

디지털 트랜스포메이션Digital Transformation[1]이 빠르게 현실화되고 있다. 2020년 5월에 정부가 발표한 '디지털 뉴딜New Deal' 정책을 요약하면 코로나19를 계기로 우리 경제의 디지털화를 확대하고 비대면 산업 육성을 서두르겠다는 내용이다. 이를 토대로 디지털 기반 일자리 창출 및 디지털 경제로의 전환 촉진을 강조하고 있다. 디지털 트랜스포메이션이 일부 IT 기업에만 국한되는 게 아니라 제조업을 포함한 전 산업군 및 공공기관, 의료계까지 거의 전 방위적으로 확대된다는 의미다.

1 디지털 기술을 사회 전반에 적용해 전통적인 사회 구조를 전환하는 것을 의미한다. 사물 인터넷(IOT), 클라우딩 컴퓨팅, 인공지능(AI), 빅데이터 솔루션 등 정보통신기술(ICT)을 바탕으로 한 플랫폼을 구축해 기존 운영 방식과 서비스 등의 혁신을 통한 디지털 생태계로의 전환을 말한다.

그렇다면 당신의 준비 상황은?

전 방위적인 디지털 트랜스포메이션이 가속화되고 있지만 시간이 지나면 우리는 이 상황을 또다시 일상으로 받아들이게 될 것이다. 하지만 중요한 건 바로 당신이다. 당신은 이런 급격한 변화를 맞이할 준비가 되어 있는가? 트랜스포메이션은 한 차원에서 다른 차원으로 전환하는 급격한 변화를 말한다. 단순한 변화의 차원이 아니다. 사전에서는 트랜스포메이션Transformation을 '(완전한)변화, 변신'이라 정의하고 있다. 트랜스포메이션은 DNA에 의하여 생물의 유전적인 성질이 변하는 '형질전환', 물질이 압력이나 온도에 의해 상태가 변화하는 현상을 나타내는 '변태', 회화나 조형에 있어서 물체의 형상이나 구조를 해체하고 원형과는 별개의 것으로 만드는 '변형' 등의 의미로도 사용된다. 본질이 사라지는 건 아니지만 성질 자체가 완전히 탈바꿈하는 정도의 수준일 때 적합한 표현이다. 다시 말해 디지털 트랜스포메이션은 단순한 전환을 뜻하는 것이 아니다. 우리 사회가 빠르게 다른 차원의 세상으로 재편된다는 뜻이다. 4차 산업혁명 시대라는 말은 수년 전부터 언급되었지만 4차 산업혁명 기술을 바탕으로 한 디지털 트랜스포메이션이 정부 정책의 우선순위는 아니었다. 하지만 코로나19로 상황은 역전되었다. 정부에서 밝혔듯 향후 일자리도 디지털 트랜스포메이션과 연관된 부문에서 창출될 것이다.

셀프 트랜스포메이션, 지금부터 준비해야 한다!

'넥스트 노멀'이 뜻하는 포스트 코로나 시대의 새로운 기준이라는 게 지금까지 존재하지 않았던 무언가가 갑자기 우리 사회의 새로운 기준이 된다는 뜻일까? 그렇지 않다. 코로나19로 인해 지금까지 중요시하던 기준의 우선순위가 바뀌는 걸 뜻한다. 우선순위 변동에 따라 전에는 급하지 않았던 일이 현재는 중요도의 상위에 놓이게 된다면 가장 먼저 변하는 건 무엇일까? 조직 입장에서만 봤을 때 중요도의 우선순위에 따라 핵심 역량의 기준이 달라지게 된다. 예를 들면 변화 대응력, 예상치 못한 상황에서의 문제 해결력과 같은 역량의 중요성이 더욱 커질 수밖에 없다. 변화가 일상인 글로벌 IT 기업이 중요시하는 가치이지만 이제는 더 이상 그들만의 가치가 아니다. 보편적 기준이 이미 상향 평준화되고 있다. 남의 일이 아니다. 바로 우리가 맞닥뜨리고 있는 현실이다. 세상의 흐름은 점점 빨라지고 있으며, 코로나19가 종식된다고 해도 크고 작은 또 다른 변화가 우리의 일상으로 자리 잡을 것이다. 세상은 이미 '빅 리셋'에 들어갔다. 변화가 물과 공기처럼 당연한 일상이 된다면 현재를 유지하려는 저항 자체가 무의미해진다.

변화는 개인 영역에서도 조직의 영역에서도 피하고 싶은 성가신 존재다. 하지만 익숙함에서 오는 편안함의 지속 가능 기간이 점점 짧아지고 있음을 냉정하게 직시하고 변화를 일상처럼 자연스럽게 받아들이는 인식과 사고 체계로의 전환을 서둘러야 한다. 변하고자 하는 의식이 수반된 수동적인 방법으로는 지속성이 부족하다. 나의 인식과 사고 체계 자체를 '셀프 트랜스포메이션Self-Transformation'해야 한다. '눈 떠 보니 변해 버린 세상'에서 셀프 트랜스포메이션은 강력한 무기다.

인재론·조직론의 세계적 권위자인 런던 경영대학원의 교수 린다 그래튼Lynda Gratton은 100세 시대에 맞는 새로운 삶의 방식에 대해 주택, 현금, 예금 같은 유형 자산보다는 생산 자산, 활력 자산, 변형 자산 같은 무형 자산이 훨씬 중요해질 것이라고 말한다. 특히 요즘 같은 불확실한 시대에 위험 부담을 줄이고 성공 가능성을 높이기 위해서는 평생 자신을 변화시킬 수 있는 변형 자산이 중요하다. 변화를 막을 수는 없다. 중요한 건 변화에 어떻게 대처하느냐다. 변화 유연성과 대응력은 당신의 미래를 결정짓는 중요한 요소가 될 것이다.

02 디지털 대응 역량에 따른 기업의 희비

코로나 직격탄 맞은 유통업계

코로나19로 직격탄을 맞은 곳 중 하나가 바로 유통업계다. 대형마트를 이탈한 이용자 중 절반이 네이버로 향했다는 기사를 보았다. 대형마트가 근래 몇 년간 내리막길을 걷고 있는 건 사실 어제오늘 일이 아니다. 굳이 전문가들이 내놓는 지표가 아니더라도 일상에서 사라져 가는 오프라인 유통 업체를 확인하는 건 그리 어려운 일이 아니다. 하지만 코로나19 확산이 이를 더 가속화했다. 마이크로소프트Microsoft 최고경영자인 사티아 나델라Satya Nadella가 연례 개발자 컨퍼런스인 '빌드 2020'에서 "개발자들의 역할이 그 어느 때보다 중요한 시기로 2년 걸릴 디지털로의 전환이 지난 두 달 만에 이루어졌다" 라고 이야기한 것처럼 많은 일이 순식간에 벌어지고 있다. 오프라인 시장의 소비자들이 온라인 시장으로 이동한 것은 모두가 아는 사실이다. 구체적으로 어떤 플랫폼으로 이동한 것인지 카드사에 조사 의뢰를 하니 온라인 시장으로 이동한 이용자 중 50퍼센트가 네이버를 선택했다고 한다. 쿠팡과 마켓컬리를 선택한 이용자는 다 합쳐도 25퍼센트 정도라고 하니 네이버가 국내 검색 시장을 넘어 온라인 쇼핑 서비스에서도 선두 업체로 부상했음을 확인할 수 있는 부분이다. 이처럼 현재 우리나라뿐 아니라 전 세계적으로도 기업의 디지털 대응 역량에 따라 코로나19 상황에서의 희비가 엇갈리고 있다. 특히 비즈니스 출발점이 온라인 기반이었던 곳들은 오히려 코로나19 특수를 누리고 있다. 연일 주가 고공 행진을 이어가고 있는 네이버와 카카오가 대표적인 예다.

플랫폼 시대의 양강 구도, 네이버와 카카오

얼마 전 '미국 휩쓴 Amazonized… 한국은 NAVERized 시대'라는 제목의 기사를 봤다. 아마존Amazon이 이커머스(전자상거래)를 넘어 오프라인 유통의 패권까지 쥐게 되면서 당시 미국에서 사용했던

'아마조나이즈드(아마존화)되었다'라는 표현에서 파생된 용어다. 실제 많은 리테일 기업이 아마존으로 인해 역사의 뒤안길로 사라졌다. 'Amazonized'라는 표현에 빗대어 'NAVERized'라는 유사한 표현의 제목을 붙인 것에 나도 모르게 고개가 끄덕여지는 건 네이버의 근래 몇 년간의 행보가 실제 아마존이라는 기업을 떠올리게 했기 때문이다.

아마존이 이커머스로 시작했지만 스토어, 웹서비스, 콘텐츠, 유통, 광고, 미디어 등으로 사업 영역을 확장했듯이 네이버도 마찬가지다. 네이버는 이미 금융 영역까지 진출했다는 점에서 디지털 플랫폼의 거의 전 영역에 걸쳐 비즈니스를 확장했다고 볼 수 있다. 2020년 6월에는 유료 멤버십 서비스인 '네이버플러스 멤버십'과 금융 상품인 '네이버통장'까지 출시함으로써 구독 경제는 물론이고 금융 분야에서도 영역을 조금씩 확대해 나가고 있다. 국내 IT 업체 양대 산맥이라 불리는 카카오도 네이버와 비교했을 때 웹서비스를 제외한 커머스, 금융, 콘텐츠, 광고, 미디어 등 모든 영역을 아우르고 있다. 두 기업을 가리켜 '네이버공화국' '카카오유니버스'라고 표현하는데 이는 결코 과장이 아니다. 우리나라를 대표하는 두 IT 기업은 코로나19 상황에서도 연일 주가 고공 행진을 이어가고 있다. 기존 제조업 기반 기업들이 고전하고 있는 가운데 코로나19 상황까지 더해져 주요 산업 분야가 IT 산업으로 빠르게 이동하고 있다. 거의 전 국민이 스마트폰을 사용한다 해도 무방한 우리나라 상황에서 네이버, 카카오처럼 한 플랫폼 내에서 모든 서비스가 가능한 편의성은 대단한 이점일 수밖에 없다.

특히 네이버는 검색, 지도, 블로그, 카페, 쇼핑, 미디어콘텐츠, 금융은 물론이고 네이버페이 결제와 네이버포인트 적립까지 연동해 두었다. 모든 서비스를 자사 사이트 안에서 해결할 수 있도록 소비자를 묶어 두는 락인효과Lock-In Effect를 극대화한 경우다. 최근 같은 밴드 공연을 약 한 달 간격으로 두 번 간 적이 있는데 예전과 달리 두 번 모두 '네이버 예약'으로만 예매가 가능했다. 얼마 전에는 한남동의 유명 베이커리에 들렀는데 QR코드 인식만으로 테이블에 앉아서 주문부터 결제까지 가능했다. '세상이 하루가 다르게 변화하고 있구나'라고 생각하며 결제를 하려는데 더욱 놀란 건 네이버페이로 자동 연결되는 점이었다. 이제 우리는 온라인 예매를 넘어 오프라인 매장의 결제까지 자동으로 연결되는 네이버의 영향력을 실제 생활에서 경험하고 있다.

네이버 하면 검색포털, 카카오 하면 국민 메신저로만 대표되던 시대는 지났다. 인크루트와 알바몬에서 진행한 '2020년 대학생이 꼽은 가장 일하고 싶은 기업 TOP 10'에서 카카오가 1위를, 네이버가 3위를 기록했다. 10위 안에 포함된 다른 대기업과 달리 네이버와 카카오만 대학생들의 해당 기업 선택 이유가 동일하다. 그 이유는 바로 성장, 개발 가능성, 그리고 비전이다. 대부분 산업이 심각한 타격을 받는 현 상황에서도 네이버나 카카오는 20대에게 성장, 개발 가능성, 비전이 있는 회사로 인식되고 있으며 실제 두 기업은 코로나19 상황에도 승승장구 중이다.

전통적 대면 영업의 상징이던 보험사의 변화

언택트 기조의 확산이 향후 우리 산업 전반에 걸쳐 광범위한 영향력을 끼칠 것이라는 사실은 분명해 보인다. 이미 그 변화는 시작되고 있으며 전통적 대면 영업의 상징이던 보험사도 예외는 아니다. 특히 기존의 대면 영업 방식이 아닌 기술을 기반으로 하는 국내 1호 디지털 보험사인 '캐롯손해보험'이 그 좋은 예다. 캐롯손해보험 디지털혁신본부 한용희 본부장은 《헤럴드경제》와의 인터뷰에서 캐롯손해보험은 기존 보험사와 개발 프로세스 자체가 다르다고 설명한다. 운전자보험과 자동차 보험을 서비스하고 있는 캐롯손해보험은 고객에게 필요한 보험이 있다고 판단할 경우 국내외 보험사 사례가 아닌 기술 논문부터 살피며 보험 상품을 개발하는 데 IT 기술뿐만 아니라 인공지능과 빅데이터 등을 활용해 특허를 얻고 있으므로 오히려 IT 회사, 데이터 회사에 가깝다고 강조한다. 2019년에 출범했기에 코로나19 상황을 예측했다고는 보기 어렵지만, 현 시대의 흐름에 발 빠르게 대처했기 때문에 위기에도 기회를 선점할 수 있었다. 2020년 5월 삼성화재와 카카오페이가 함께 추진하던 디지털 손해 보험사 공동 설립이 백지화되었다는 기사를 보았다. 자동차 판매에 대한 견해차를 좁히지 못한 것이 주원인이라고 하는데, 카카오는 단독으로 손해 보험사 설립에 나설 예정이라고 한다. 상황을 좀 더 지켜봐야겠지만 현재로서는 디지털 보험으로의 이동은 예정된 순서라고 생각한다.

과학기술 중심 국가로의 전환

전문가들은 코로나19 이후 전 세계적으로 제조업 기반 산업이 무너지는 탈산업화가 가속화될 것으로 예측하고 있다. 과학기술 영역으로 얼마나 빠르게 전환하느냐가 향후 국가 경쟁력을 선점하는 데 중요한 요소이기에 현 정부도 과학기술 중심 국가로의 전환에 적극적으로 나설 것임을 밝혔다. 전문가들이 전환을 위해 해결해야 할 과제로 두 가지를 꼽았는데 첫 번째는 디지털 시대 맞춤 인재를 양성해야 한다는 것이고, 두 번째는 지금까지 경제 성장을 이끌었던 제조업 인력의 이동이 전제되어야 한다는 것이다. 제조업 인력을 재교육해 과학기술 산업으로 이동시켜야 한다는 말인데 그리 간단한 문제가 아니다. 시작점에 있는 취업 준비생 혹은 직무 경력이 길지 않은 사람들은 비교적 새로운 변화를 인식하고 변화 유연성을 발휘하기가 용이하다. 반면에 기존 직무나 환경에 익숙한 사람들의 경우 인식 변화와 직무 전환이라는 게 말처럼 쉬운 일이 아니다. 탈산업화로 인해 중간층의 일자리가 없어지고 양극화 문제가 심화될 것이라는 지적에 나 역시 공감한다. 이미 제조업이나 오프라인 기반의 산업군 혹은 민간 중소기업에서 오랜 기간 근무하고 있는 근로자들의 경우에는 경력의 기간만큼 급속한 변화 상황에서의 취약함이 높아질 수밖에 없기 때문이다.

03 대기업 공채가 사라지고 있다

포스트 코로나 시대의 빠른 변화에 대처하기 위한 고민은 대기업도 마찬가지다. 2020년 6월, 놀라운 기사를 접했다. 'LG그룹 정기 공채 폐지'. 놀란 동시에 어느 정도 예견된 것이라는 생각도 들었다. 예견은 했지만 현재의 코로나19 상황이 실행을 앞당긴 이유라는 건 예상되는 바다. 2019년에는 현대자동차가 공채 채용을 폐지했고, 2020년 3월에 KT 역시 공채를 폐지하고 수시 인턴 채용제를 도입했으며, SK도 순차적으로 수시 채용 비율을 높이고 있다. 그리고 LG까지 이 흐름에 동참했다. 이 기조는 다른 대기업으로 계속해서 이어질 것으로 예상된다. 2020년에 공채를 준비하던 취업 준비생들에게는 다소 충격적이고 당황스러운 일이었겠지만 언젠가는 바뀔 것이라 예상했던 여러 가지 산업의 변화가 확실히 앞당겨지고 있음을 근래 피부로 느낀다. LG의 발표 내용을 보면 몇 가지 중요한 사항이 있다.

우선 신입 사원 선발 비중의 70퍼센트 이상을 채용 연계형 인턴십으로 진행하며 기간은 평균 4주 정도다. 서류 전형, 면접 전형을 통과하면 입사했던 기존 방식과 달리 입사 후 4주간의 또 다른 평가 기간이 존재한다고 봐야 한다. 공채를 채용 연계형 인턴십으로 대체하는 목적은 결국 스펙이 아닌 직무 적합성과 조직 적응력을 평가하겠다는 뜻이다. 이제는 면접장에서 말로 설명하는 직무 역량이 아닌 실제 현업에서 보이는 직무 역량이 중요해질 수밖에 없다. 시험 준비하듯 면접 전형을 준비하고 취업 컨설팅까지 받으면서 입사라는 한 가지 목표 아래 달려온 사람이라면 적잖이 당황스러울 수밖에 없다. 하지만 실제 근무 현장은 준비만 열심히 잘하면 통과하는 시험이 아니라 실전이다. **그 사람의 스펙이나 현업에서 그리 많이 쓰이지 않을 영어 실력이 아니라 실제 쓰일 직무 역량을 보유했는지, 직무 적합성이 높은지, 조직 적응력과 팀워크가 좋은지, 커뮤니케이션이나 대인관계 역량에 강점이 있는 사람인지가 훨씬 더 중요하다는 뜻이다.** 마케팅을 잘할 사람이 마케터가 되어야 하고 고객 응대에 소질이 있는 사람이 CS Customer Service 업무를 해야 하는 것처럼 말이다. 앞으로는 기업을 선택할 때 개인의 선호도가 아니라 자신이 해당 직무를 잘 해낼 수 있는 자질을 갖추고 있는지를 고려해야 한다. 기업에서는 인턴십을 통해 이를 충분히 검증할 것이다. 이제 회사에 맞춘 스펙, 면접장에서의 언변 등이 아니라 실제 현업에서의 적응력이 관건이다. 조직 입장에서는 직무 적합성이 맞지 않는 신입 사원이 입사하면 직원 교육과 훈련에 많은 시간과 에너지가 든다. 세계를 선도하는 빅테크 기업인 구글Google이 직원들의 재교육과 훈련에 드는 비용 대신 채용에 더 큰 비용과 노력을 쏟는 것도 같은 이유다. 애초에 조직이 추구하는 인재를 채용하면 조직의 인재상에 맞춰 육성하는 데 드는 시간과 비용을 줄일 수 있기 때문이다.

다음으로 주목해야 할 사항은 채용에 있어 현업 부서의 영향력이 커지는 부분이다. 채용 공고를 올리는 시점과 채용 선발 과정에서 현업 부서의 역할이 중요해진다는 건 대기업으로서는 쉽지 않은 결정을 한 거라고 볼 수 있다. 이렇게 되면 채용에 관한 주도적 권한을 갖고 있던 인사 부서의 역할에도 큰 변화가 있지 않을까 싶다. 현업 부서가 채용에 직접적인 영향을 미친다는 건 그만큼 직무 적합성과 부서 특성에 적합한 지원자인지를 더 철저히 검증하겠다는 의미다. 지원자는 그 부서의 직무에 스스로가 적합한 사람인지에 대해 깊은 고민을 해야 한다. 현업 부서에서는 관련 직무에 대한 유사 경험 여부와 실제 해당 직무 수행에서 문제 해결력을 갖추고 있는지 행동 사건 면접Behavioral Event Interview 등을 통해 검증하려고 할 것이다. 실제 해당 부서에서 성과를 인정받고 있는 사람이 현업 담당자에게는 표준이 될 수밖에 없으므로 인사 담당자보다 더 구체적이고 심층적으로 확인하려 들 것이다. 스펙, 암기로 익힌 직무 기술이나 요행수, 혹은 언변에 기대는 건 지금 변화에는 맞지 않는다. 실제 자신의 적성을 파악해 관련 직무군으로만 한정해 준비한 사람과의 경쟁에서 밀릴 수밖에 없다. 조직 생활에서 가장 중요한 것은 직무 적합성과 해당 기업 조직 문화와 나와의 적합성이다. 이는 장기적 관점에서 훨씬 중요한 가치이기에 스스로에 대한 본질적인 고민이 더욱 필요한 시점이다. 단지 조직의 워라밸Work-Life Balance 수준이나 회사가 갖는 인지도가 아니라 본인이 뭘 좋아하고 잘하는지, 조직에 입사했을 때 본인의 어떤 강점 역량을 통해 무슨 기여를 할 수 있는지를 구체화해야 한다.

구글의 전 인적자원 최고책임자인 라즐로 복Laszlo Bock은 "구글은 채용 시 겸손함과 협업 역량을 중요시하며 단지 똑똑하기만 한 사람을 채용하지 않는다"라고 이야기했다. 실제 면접 시 모든 면이 최상이라 100퍼센트 흡족해서 채용하는 경우는 많지 않다. 게다가 신입 사원의 경우 면접에서 확인할 수 있는 부분은 한정적이므로 입사 후의 가능성을 염두에 두고 채용한다. 나 또한 오랜 기간 HR 업무를 총괄하며 수많은 면접의 면접관으로 참석했다. 스펙이나 직무 역량이 조금 부족해도 태도나 다른 부분이 맘에 들어 채용하는 때도 있었고, 반대로 자격 요건 중 직무 지식이나 기술이 너무 뛰어나 다른 부분은 평균치에 살짝 밑돌았음에도 불구하고 채용한 때도 있었다. 결과적으로 전자가 후자보다 옳은 선택이었던 경우가 더 많았다. 직무 지식이나 기술은 노력해서 배우면 되지만 근무 자세나 협업 역량, 사람들의 감정이나 주변 상황에 대한 감지력, 팀워크 등의 조직 사회화 역량은 시간이 지난다고 해서 해결되는 부분이 아니기 때문이다.

공채 폐지는 예정된 수순이었다

정답이 아닌 문제 접근 방식과 과정에서의 효율적인 커뮤니케이션, 지적 역량만이 아닌 지적 겸손함과 협업 역량, 모호한 가운데 길을 찾는 역량 등은 결국 훌륭한 스펙이 아닌 현업 투입 시 조직에서 실제 필요로 하는 직무 역량, 직무 적합성, 조직 문화 적합성에 관련된 가치다. 그리고 이러한 가치는 지금까지 우리나라 대기업이 운영해 온 공채 채용 방식으로는 변별력을 갖기 어렵다. 특히나 요즘처럼 급변하는 산업 환경 속에서 변화에 유연하게 대처하고 성장할 수 있는 핵심 인재의 보유 여부가 회사 성장의 당락을 결정짓는 주요 요인일 땐 더욱 그렇다. 수백 명에서 수천 명씩 뽑던 공채가 점점 자취를 감추고 있으며 '될성부른 나무로 키우기'보다 현업 인턴 기간을 거쳐 '될놈될(될 놈은 된다)'을 선발하려 하는 경향이 코로나19 이후 대기업 채용의 변화라고 볼 수 있다.

글로벌 빅테크 기업이 우리나라 대기업과 다른 점 중 하나는 바로 변화 속도 대응력이다. 스타트업에 뿌리를 둔 글로벌 빅테크 기업은 태생부터 변화, 속도, 혁신, 자기 주도성에 근간을 두고 있으며 최초 창업자가 여전히 CEO 자리에 있거나 그렇지 않은 경우라도 2세 승계가 아닌 전문 경영인 체제로 운영되고 있다. 조직 문화 자체에 스타트업(창업자) 정신이 여전히 현재 진행형으로 자리하고 있다. 변화, 속도, 혁신, 자기 주도성이 당연한 가치인 기업에는 그런 강점이 있는 직원들로 이미 채워져 있다. 처음부터 조직 가치에 알맞은 인재를 채용했기 때문이다. 또한 각자가 권한과 책임을 갖고 움직이니 결정 속도가 빠른 건 당연한 이치다. 하지만 현재 우리나라 대기업의 대부분은 2, 3세대 경영인 체제다. 창업자 정신을 이어받았을 뿐 직접 경험한 세대는 아니다. 코로나19로 당장 발등에 불이 떨어졌지만 전체를 혁신하고 변화시키기에는 시스템이나 구조, 조직 문화 자체가 글로벌 빅테크 기업과는 본질적으로 다르다. 지금까지의 공채 채용 방식으로는 글로벌 선도 기업과의 속도 경쟁력에서 밀릴 수밖에 없다. 정기 공채 폐지라는 현재의 변화는 지금처럼 한 치 앞도 알 수 없는 산업 환경에서 당연한 결정이다. 오히려 꽤 늦은 감이 있다는 생각조차 든다. 코로나19가 아니었다면 아마도 조금은 늦춰졌을 수 있겠지만 언제고 닥칠 상황이었다. 이제 대기업 공채 몇 기라는 이야기가 과거의 전유물이 될 날도 얼마 남지 않은 듯하다.

04 위기일수록 기준치를 높여라

코로나19가 대다수 기업에 악재로 작용하고 있는 건 분명하다. 하지만 모든 상황에는 항상 명과 암이 존재한다. 이를 일시적 반사이익이 아닌 오히려 성장 기회로 삼는 곳은 예상대로 글로벌 빅테크 기업들이다. 빅테크 기업이란 인터넷 플랫폼을 기반으로 하는 거대한 IT 기업을 의미한다. 각 기업의 약자를 딴 FANG(페이스북, 아마존, 넷플릭스, 구글) 혹은 MAGA(마이크로소프트, 애플, 구글, 아마존)에 속하는 기업들이 이에 해당한다. 일례로 전 세계적으로 코로나19 위기가 한창인 2020년 상반기에 아마존은 창고직원 10만 명 채용 계획을 발표했고, 넷플릭스Netflix는 코로나19로 시작된 재택근무, 자가격리, 사회적 거리 두기 영향으로 신규 가입자와 접속자가 폭발적으로

늘었다. 또한 재택근무 증가는 클라우드 서비스 업체에도 호재로 작용하고 있다. 같은 시기에 《뉴욕타임스》는 '코로나19 상황에도 불구하고 빅테크 기업의 사업은 안정적인 걸 넘어서 번창하고 있다'고 보도했다.

위기에 강한 인재

위기에 강한 기업이 있는 것처럼 위기에 강한 인재가 되어야 외부 환경에 영향을 덜 받는 내구성이 생긴다. 그렇다면 위기에 강한 인재란 무엇일까? 산업 생태계의 변화로 인한 기업의 존폐 위기는 지금까지 늘 있어 왔고 계속해서 현재 진행형이다. 게다가 변화에 가속도가 더해져 불확실성이 점점 높아지는 요즘에는 무언가를 명확하게 예측하는 것도 한계가 있다. 하지만 내가 어떤 기업에 속해 있든 조직에서 근무하다 보면 내부 사람만이 아는 위험 신호가 있다. 조직을 지나치게 믿는 충성심 혹은 '설마' 하는 안일함으로 신호를 알아채지 못하거나, 알더라도 다른 선택을 할 타이밍을 스스로 놓치기도 한다. 기업이 회생 불가능한 상황까지 갈 것이라는 위험 요인이 감지되었을 때 가장 먼저 회사를 떠나는 사람은 흔히 '핵심인재'라고 불리는 역량 있는 사람들이다. 그들은 이미 가진 역량이 있기에 이직이 어렵지 않다. 그렇기 때문에 자신의 성장에 도움이 되는 다른 기회 요인을 찾는 건 어찌 보면 당연한 일이다.

물론 남은 사람들도 회사가 위기를 극복한다면 어려운 시절을 함께 했다는 충성심을 인정받을 수도 있다. 어떤 선택이든 이점은 있을 것이다. 하지만 단지 변화가 두렵거나 자신의 역량에 매력을 느낄 만한 요소가 없기 때문에 과감한 결단을 내리지 못하는 것이라면 그건 상당히 위험하다. 미래를 예측하고 변화 유연성을 가진 기업들이 예상치 못한 위기에도 강한 면모를 보이는 것처럼 사람도 마찬가지다. 위기에 강한 인재는 결코 현재에만 충실한 삶을 살지 않는다. 본문 내용 중 아마존과 구글이 기업 예시로 자주 등장하는데, 이는 이 기업들이 모든 면에서 완벽해서라거나 개인적인 선호도 때문이 아니다. 불황의 시대에도 성장하는 빅테크 기업이라는 점, 변화와 위기에도 유연함과 내구성을 갖춘 셀프 트랜스포메이션형 인재의 특성을 중요하게 생각하는 기업이라는 점 때문이다. 변화는 늘 진행형이다. 중요한 건 변화의 '속도'다. 시간의 흐름에 따라 변화의 속도가 점점 더 빨라지고 있다. 여기에 코로나19 이후 가속도까지 붙었다. 변화 유연성과 대응 역량은 앞서 나가는 일부 기업의 핵심인재에게만 국한되는 얘기가 아니다. 우리 모두가 갖춰야 하는 필수 역량이다.

나는 과연 피라미드 꼭대기에 남을 수 있을까?

위기에 강한 인재가 되려면 우선 현실에 대한 냉철한 이해를 바탕으로 현재 자신의 위치를 점검해야 한다. 지금과 같은 상황에서 자기 자신에 대한 관대한 평가와 미래에 대한 막연한 긍정주의만큼 위험한 것도 없다. 어느 기업이든 직급이 올라갈수록 그 직급에 해당하는 인원수는 적어진다. 사원·대리급 직원 수가 가장 많고 과장 - 차장 - 부장 - 임원의 위치로 갈수록 해당 인원의 숫자는 줄어든다. 처음 사회생활을 시작하는 단계에서 향후 20년 이후 자신이 직급의 피라미드에 존재하지 않을 거라고 생각하는 사람은 거의 없다. 하지만 이는 근거 없는 자신감일 뿐이다. 임원의 위치까지 오르는 사람의 비율은 매우 적기 때문이다.

그 많던 동료들은 다 어디로 간 것일까? 창업하거나 자신의 전문성을 살려 전문 프리랜서 혹은 컨설턴트로 활동하는 사람, 자영업으로 빠지는 사람, 귀농하거나 전혀 다른 영역에 도전하는 사람, 피치 못할 사정에 의해 경력이 단절된 사람 등 여러 가지 모습일 것이다. 좀 더 전문적인 일에 도전하거나 자신의 사업을 운영하고 싶어서 스스로 나온 사람들도 있다. 하지만 조직이 아닌 다른 삶을 선택한 사람들이라고 해서 모두 자의로 결정을 하는 건 아니다. 오히려 조직에서 나를 계속 필요로 하고 그 안에서 성장을 도모할 수 있다면 계속 머물렀을 가능성이 더 크다. 모든 시스템과 프로세스가 갖추어져 있는 조직이라는 공간에서의 소속감, 나의 위치에서 오는 존재감, 무언가 생산성 있는 시간을 보내고 있다는 안정감, 월마다 통장에 찍히는 급여에서 오는 반복적인 만족감 등은 분명히 무시할 수 없는 매력적인 요소이기 때문이다.

자신이 언제까지나 조직에 존재할 것이라는 막연한 자신감이 현실이 되려면 다음 세 가지를 점검할 필요가 있다. 현재 근무하는 조직에서의 나의 명확한 위치, 업계 내에서 내가 속한 기업의 입지와 경쟁력, 업계 내에서 나의 경쟁력이다. 현재 근무하는 곳에서 나의 경쟁력 점검은 가장 첫 번째 단계다. 내가 속한 기업이 업계 1위라면 상관없지만, 그렇지 않다면 현재 소속되어 있는 곳에 필요한 역량을 갖추는 데만 만족해서는 안 된다. 만약 당신이 속한 기업에서 시장의 흐름에 맞춰 신사업 개발이나 새로운 비즈니스 모델을 구상하는 상황이라면 저항해야 할 변화가 아니라 경력에 또 다른 한 줄을 추가할 기회다. 조직에서 새로운 걸 전혀 시도하지 않는다면 그게 오히려 당신의 경력에 마이너스다. 더 이상 새로운 기회 요인이 없는 조직에서 오래 근무할수록 당신의 미래도 불안해진다. **평생직장 개념은 이미 사라진 지 오래고 직장은 경력의 종착역이 아니라 환승역에 가깝다. 지금**

있는 곳에서의 경쟁력은 그 안에서만 유효한 것일 수도 있다. 현재 속한 조직에 맞춰 적당히 눈높이를 타협하는 건 미래를 불안하게 만드는 일이다. 내가 속한 산업군에서의 경쟁력으로 기준을 높여야 한다.

05 100세 시대, 막연한 긍정주의의 위험성

'호모 헌드레드Homo Hundred'는 유엔UN이 2009년 처음 사용한 용어로 100세 장수가 보편화된 시대의 인간을 지칭한다. 100세 시대는 앞으로 오랜 기간 고민해야 할 공통의 과제다. 경험하지 못했기에 예측이 어려운 100세 시대, 운이 좋아 60세까지 직장 생활을 한다고 해도 남은 40년을 아무런 경제 활동 없이 살아갈 수 있을까? 그렇다면 우리는 어떤 준비를 해야 할까? 100세 시대는 준비된 자에게 더 많은 걸 경험할 수 있는 삶이 추가로 주어지는 것이지만 준비 없이 맞이하게 되는 100세 시대는 재앙에 가깝다. 더군다나 우리는 저출산, 저성장, 초고령화라는 3대 악재가 현재 진행형인 시대에 살고 있으며, 경기 불황은 더욱 예측 불가한 방향으로 나아가고 있다.

여러 가지로 녹록지 않은 상황 속에서 우리는 어떤 준비를 해야 할까? 평생직장 개념이 사라진 지 오래다. 단지 경제적 수단으로서의 직장 생활 영위가 생존을 위한 1차원적 욕구라면 여기서 좀 더 나아가 나의 직무 역할에서 의미를 찾고자 하는 것이 2차원적 욕구라고 할 수 있다. 2차원적 욕구를 추구하는 사람들은 직무를 위한 자기계발도 하고 조직에서도 직급에 부합하는 성과를 낸다. 예전 같으면 2차원적 욕구 정도로도 조직에서 어느 정도 인정받을 수 있었다. 하지만 조직 관점만이 아닌 개인 관점과 미래 관점까지 고려했을 때 2차원적 욕구만으로는 부족하다. 저출산, 저성장, 초고령화라는 3대 악재와 코로나 상황까지 겹친 불황의 시대에는 주어진 시간을 열심히 보내기보다는 활용할 줄 아는 셀프 트랜스포메이션형 인재가 되어야 한다. 그러려면 내가 속한 조직이 단지 열심히 일만 하는 곳이 아닌 미래를 준비하는 곳이 되어야 한다. 이 단계가 바로 3차원적 욕구다. 조직이 3차원적 욕구를 충족하는 장소가 되려면 조직에서의 시간을 효과적으로 활용할 줄 알아야 한다. 나의 직무를 확장할 수 있는 영역에 대해 지속인 관심을 기울이고 기회가 왔을 때 놓치지 말아야 한다. 공적 영역에서 같은 시간을 보내더라도 동시에 활용할 줄 아는 사람만이 100세 시대를 재앙이 아닌 축복으로 맞이할 수 있다.

인구 쇼크 현실화, 팽창사회에서 수축사회로

2019년에 인구 자연감소가 예상보다 10년 앞서 시작되었다는 기사가 나왔다. 인구 자연감소란 쉽게 말해 출생자 수가 사망자 수보다 더 적은 현상을 의미한다. 바로 한 해 전인 2018년 통계자료에 따르면 인구 자연감소 예상 시점은 2024년이었다. 불과 1년 만에 5년이나 앞당겨진 것이다. 게다가 50년 뒤에는 인구의 절반이 62세 이상이 될 것이라고 한다. 예전 같은 팽창사회에서는 60세에 은퇴 후 10년에서 20년까지의 삶만 고민하면 됐었다. 하지만 평균 수명이 점점 길어지고 있고 인구 자연감소가 시작되면서 이미 우리 사회는 수축사회로 접어들었다. 게다가 정년퇴직 연령인 60세를 채우는 것 또한 점점 더 어려워지고 있는 실정이다. 운이 따라 정년을 채운다고 해도 대부분은 계속 경제 활동을 영위하기를 바란다. 정년이라는 단어 자체가 무의미해지는 수축사회에서는 앞으로 이런 기조가 점점 강해질 수밖에 없다. 이런 시기일수록 변화를 인지하고 유연한 사고를 하지 못하면 한 우물만 파다 예기치 못한 위기 앞에 방황하는 시간이 길어진다.

인재론, 조직론의 세계적 권위자인 런던 경영대학원 교수 린다 그래튼은 100세 시대에는 '교육 - 일 - 은퇴'의 3단계 삶은 이미 끝났으며 사람들은 더욱 세분화된 인생 단계에 따라 나이에 구애받지 않고 살게 될 것이라고 언급한다. 특히 주택, 현금, 예금 같은 유형 자산보다 건강, 동료애, 변화 대응력과 같은 무형 자산이 훨씬 중요해질 것이라고 말한다. 이중에서도 무형 자산의 큰 줄기 중 하나로 평생 자신을 변화시킬 수 있는 능력인 변형 자산의 중요성을 강조했다. 변화에 대처하는 방식과 유연성이 가장 중요한 자산이 된다는 의미다.

막연한 긍정주의의 위험성

불확실한 100세 시대에 아무것도 실행하지 않는 막연한 긍정주의는 비관주의보다 더 위험하다. 변화에 능동적이기보다 안정성을 추구하고 미래를 위한 도전보다 현재에 안주하기에는 현실이 절대 호락호락하지 않다. 스스로 변화하는 과정에서 시행착오를 반복하는 시간까지 고려한다면 많은 시간이 남아 있는 것이 아니다. 굳어진 의식과 생각은 웬만해선 바꾸기 어렵기 때문에 시대의 흐름에 맞는 변화 유연성을 내재화하는 건 빠르면 빠를수록 유리하다. 나이가 어릴수록 100세에 이를 때까지 오랜 시간이 남아 있어 장기적인 관점에서 더욱 멀리 보는 안목이 필요하다. 수시로 변화할 줄 아는 유연성을 가지려면 현재 상황을 직시하고 앞을 내다보는 직관력이 있어야 한다. 문제를 인식하고 변화를 감지하는 직관이 없으면 빠르게 변화하는 불확실한 세상 속에서 놓치고 흘려 보내는 것들이 너무 많다. 그러나 사실 놓치고 흘려 보내는 것들이 나의 미래에 더 중요한 가치일 수 있다.

문제를 인식하고 변화를 감지했다면 어떻게 대처할 건지 구체적인 실행이 뒤따라야 한다. 실행이 따라오지 않는 직관은 그냥 감이나 촉에 머무를 뿐이다. **그렇다면 어떻게 실행할 것인가? 우선 일상에서 할 수 있는 것들을 먼저 고려해야 한다. 그런 의미로 최적화된 장소가 바로 조직이다. 조직을 단지 경제적 수단인 1차원적 욕구나 직무 역할에서 의미를 찾는 2차원적 욕구 실현의 장소로만 생각해서는 안 된다. 100세 시대의 조직은 미래를 준비하는 3차원적 욕구 실현의 장소가 되어야 한다. 조직에서 보내는 시간을 나의 직무와 다른 직무를 연결하고 확장하는 장소로 활용한다면 미래를 위한 플랜B가 될 수 있다. 이처럼 확장된 사고를 갖춘 인재는 결국 조직의 성장에도 기여한다.** 100세 시대를 재앙이 아닌 축복으로 맞이하기 위해서는 시간을 활용하는 습관을 들여 미래에 대한 안전한 보험을 미리 준비해야 한다.

06 AI의 위협, AI보다 뛰어난 인간의 영역은?

100세 시대와 더불어 인간에게 또 한 가지의 위험 요소는 바로 급속하게 발전하는 기술의 위협이다. 『초예측』(유발 하라리·닉 보스트롬 외 7명, 웅진지식하우스, 2019)에서 옥스퍼드 대학교 철학과 교수이자 인류미래연구소 창립소장인 닉 보스트롬Nick Bostrom은 초지능의 등장이 현실적으로 충분히 가능하다고 주장한다. '초지능Superintelligence'이란 인류의 지능 수준을 훨씬 뛰어넘는 인공지능을 말한다. 그는 인공지능이 인간의 노동력을 책임지고 인간은 좀 더 여유로운 삶을 영위할 수 있게 되려면 인공지능 자체가 인류가 원하는 방향으로 설계되어야 한다고 강조한다. 인공지능 통제에 관한 이슈다. 그러려면 초지능의 사고를 인간의 가치나 의지에 얼마나 부합하게 형성할 수 있는지의 여부가 중요하다고 주장한다.

닉 보스트롬은 초지능 출현 시기에 대해 인공지능 전문가들을 대상으로 벌인 설문 조사 통계자료를 근거로 2022년에는 10퍼센트, 2040년까지 50퍼센트, 2075년까지는 90퍼센트까지라고 언급하며, 특히 최근 몇 년간 '딥 러닝(심층학습)'의 눈부신 진보로 자신의 예상보다 그 시기가 빨라졌다고 말했다. 포스트 코로나 시대에 기술의 발전이 더욱 급속하게 진행될 것이라는 전문가들의 예측을 감안한다면 초지능 출현 시기도 훨씬 더 앞당겨질 수 있다는 예상도 가능하다. 기술의 발전은 언제나 현재 진행형이다. 그리고 우리나라는 기술의 변화와 발전이 가장 빠른 나라 중 하나다. 실제 캐나다나 일본에 갔을 때 불편함을 느낀 이유 중 하나가 우리나라의 편리한 IT 인프라와 빠른 속도와의 비교 때문이었다. 1997년도에 어학연수로 처음 미국 땅을 밟았을 때 느꼈던 '미국에는 있고 한국에는 없는 것들'에 대한 부러움은 불과 20년 만에 역전됐다. G7에 속하는 국가에는 없고 한국에서만 누릴 수 있는 편리함에 대해 근래 몇 년간 해외 체류와 여행 등으로 다시 한번 깨달았다. 한국에 놀러 온 일본 친구가 일본과 비교해 한국, 특히 서울은 너무 편리한 게 많다고 하는 걸 보면 기술의 발전을 생활 전반에 걸쳐 뿌리 내리는 속도는 한국이 정말 빠르다는 것을 느꼈다.

사무 영역까지 넘보는 AI 기술

얼마 전 잠실 롯데월드몰에 갔다가 3층 에스컬레이터 근처에서 말로만 듣던 로봇 바리스타를 목격했다. 키오스크로 주문을 하면 로봇이 커피를 만들어 준다. 이처럼 이제는 로봇이 조금씩 고차원적인 일의 수행도 가능한 수준이 되었다. 일상의 보편적인 장소에서 여러 종류의 일을 수행하는 다양한 로봇들을 목격할 날도 얼마 남지 않았다. 산업 현장에서 단순 반복적이거나 위험한 작업을 위해 도입됐던 로봇이 이제 서비스 영역을 넘어서 사무 영역까지 진입했으며 계속해서 확대될 것이다. 여기에 언택트(비대면)의 중요성까지 대두되면서 속도가 빨라지고 있다.

국민은행이 RPA(로봇업무자동화)와 AI 기술 결합으로 국내 최초 자동 급여 이체 서비스를 시작했다는 내용의 기사를 봤다. 금융권의 디지털 전환 또한 가속화되고 있다. 거대 IT 기업인 카카오와 네이버도 이미 금융 쪽으로 발을 들였고 계속 영역을 확대해 나가고 있다. 네이버의 경우 이미 증권, 보험 영역까지 진입했고, 카카오도 곧 보험과 자산관리 영역까지 확대할 예정이라고 한다. 기존 금융업계에게 IT 공룡기업들의 금융권 영역 확대는 대단히 위협적인 요소다. 대면 영업의 대표 격이던 보험사까지도 이제 디지털화하는 추세다. 이제는 비대면 방식에 대한 고민을 모든 산업군에 걸쳐 할 수밖에 없는 상황이 되었다. 사무직 근로자 입장에서 볼 때 기존의 단순, 반복적인 직무뿐 아니라 대면 방식을 취하던 직무도 잠재적 불안 요소를 가지고 갈 수밖에 없다.

기계가 아닌 인간이 더 뛰어난 영역

인간기계인지연구소IHMC의 로버트 호프만Robert Hoffman은 오랜 기간 인간이 인공지능을 어떻게 활용할 수 있는지 연구해 왔다. 인공지능 통제의 이슈는 호프만뿐 아니라 많은 석학이 우려하는 부분 중 하나다. AI가 점점 사무직 직무군까지 잠식해 들어오는 현 상황에서 우리가 집중해야 하는 영역이 무엇인지 더욱 분명해진다. 기술이 발전하더라도 AI가 대체할 수 없는 강점 역량을 더욱 개발하고 고도화해야 한다. 호프만이 강조하고 있는 인간이 기계보다 앞서는 공통된 근간이 바로 뛰어난 직관력이다. 직관력에 대해서는 사실 학자와 이론가의 의견이 분분하다. 특히 인공지능의 기반인 알고리즘적 사고와 인간의 직관적 사고의 우열을 가리려 한다면 끝이 나지 않는 난상토론이 될 것이다. 하지만 서로의 강점이 다르다는 것을 수용한다면 앞으로 우리가 어디에 신경 써야 하는지도 더 선명해진다. 인간의 직관력이 강점을 발휘하는 상황이 있고 AI의 알고리즘적 사고가 강점을 발휘하는 상황이 분명히 있다. 그렇다면 우리는 AI가 넘보기 힘든 인간의 뛰어난 영역이 무엇인지, 자신이 그런 강점을 어느 정도 갖추고 있는지를 냉철하게 평가하고 더불어 어떤 부분을 개발하고 보완해야 하는지 분석해야 한다.

07 포스트 코로나 시대의 무기, 셀프 트랜스포메이션

눈 떠 보니 변해 버린 세상에서 포스트 코로나 시대의 넥스트 노멀에 맞춰 세상은 빠른 속도로 빅 리셋 중이다. 생존에 맞는 전략과 기준을 찾지 못하면 조직도 조직 구성원도 미래가 불투명해진다. 위기 강조는 기업에서 조직 구성원들에게 자주 사용하는 경영 전략 중 하나다. 현재 기업들의 위기 강조는 조직 구성원들의 위기감을 고양시키는 전략이 아닌 사실 전달이라는 점에서 이전과 다르다. 정확한 예측이 불가하기에 오히려 가감된 예측이라고 보는 것이 맞다. 산업 생태계 전반에 많은 변화가 일어나고 있다. 포스트 코로나 시대에 빠른 속도로 진행되는 빅 리셋에 맞춰 조직과 조직 구성원 모두 셀프 트랜스포메이션하지 않으면 다가올 미래에 각자가 짊어져야 할 부담은 점점 더 가중된다. 인생을 살다 보면 지금 당장 중요한 것이 있고 미래 관점에서 중요한 것이 있다. 대부분 당장 중요한 것들은 잘 인지한다. 하지만 미래에 중요한 가치에 대해서는 보지 못하거나 막연히 알고는 있더라도 그냥 지나친다. 지금 당장 시급하지 않기 때문이다. 하지만 미래에 중요한 것들을 당장 준비하지 않는다면 다가올 위험이 점점 커지는 세상이 되었다. 우리의 예측보다 그 미래의 일은 항상 더 빨리 우리에게 다가온다. 그리고 예측 범위 안에 전혀 없었던 코로나19까지 더해져 변화의 가속화는 현실이 되었다. 지엽적인 시선이 아닌 확장된 시선으로 지금의 세상을 바라봐야 한다. 눈앞에 보이는 부분 외에 보이지 않는 이면까지 고려하는 인간의 강점인 직관력을 발휘해야 한다.

직관력과 셀프 트랜스포메이션

로버트 호프만은 『인공지능을 넘어서는 인간의 강점』(나라 준, 프리렉, 2018)에서 인간이 기계보다 뛰어난 점 5가지를 꼽았다. 바로 풍부한 창의력, 높은 창조력, 감지력, 적응력, 의사 결정의 유연성이며 이러한 인간의 5가지 강점이 결국 직관에서 기인한다고 주장한다. 5가지 강점에 대한 호프만의 설명을 간략히 덧붙이면 다음과 같다. 추상적인 아이디어를 구체적인 아이디어로 바꾸고(창의력), 구체화한 아이디어를 현실화하기 위해 실행하며(창조력), 미묘한 상황의 변화와 특징을 감지하고(감지력), 환경 변화에 대응하고자 하는 능력이 있으며(적응력), 변화에 따라 유연한 의사 결정을 한다(의사 결정의 유연성). 직관력에서 기인하는 인간의 5가지의 강점을 살펴보면 불확실하고 예측 불가한 상황에서 발휘되는 인간의 능동적이고 유연한 사고가 바탕이 된다는 것을 알 수 있다.

직관력을 갖춘 사람은 상황을 감지하는 빠른 판단력과 변화 유연성이 있다. 요즘 같은 상황에서 중요성이 더욱 부각되는 역량이자 변화가 일상이 될 향후에도 강조할 수밖에 없는 역량이다. 셀프 트랜스포메이션이라는 건 결국 상황을 감지하는 빠른 판단력과 변화 유연성이 있어야만 가능하다는 점에서 직관력과 밀접한 연관이 있다. 변화에 유연하게 대처한다는 건 어떤 행위라기보다는 인지, 사고 체계에 가깝다. 셀프 트랜스포메이션 역량을 갖춘다는 건 자신의 사고 체계를 변화시켜야만 가능해진다. 물론 이러한 사고 체계를 이미 갖춘 사람들의 경우 변화 대응력과 유연성을 이미 내재화하고 있으므로 자기자신을 변혁하는 수준의 전환은 필요치 않다. 하지만 그렇지 못한 대다수의 사람에게 있어 셀프 트랜스포메이션 역량을 갖춘다는 건 이미 내재화된 기존 사고 체계에 있어서의 큰 변화를 뜻한다. 즉, 변혁에 가까운 전환이자 지속적인 에너지를 쏟아야 하는 장기간에 걸친 일이다.

변화 저항은 인간의 본능이다

익숙함과 안정성을 선호하는 마음, 변화를 거부하고 저항하고 싶은 마음은 인간의 본능이자 기본값이다. 사고와 인식 체계의 주인인 '나' 자신이 직접 원하는 방향으로의 의도적인 명령을 내려 사고 시스템 자체를 변형해야 한다. 변화는 어느 방향으로 튈지 알 수 없는 진행형이고 환경에 맞춰 지속적인 셀프 트랜스포메이션을 하지 않으면 다시 기본값으로 초기화된다는 것을 기억해야 한다. 그렇다면 구체적으로 어떤 인식과 사고 체계를 갖춰야 하는 걸까? 또한 조직은 '셀프 트랜스포메이션형 인재(자기변혁적 인재)'를 담기 위해 조직의 방향성을 어떻게 정립해야 하는 걸까? 많은 전문가들이 현재의 위기 상황에 대한 여러 가지 조언을 하며 변화의 중요성을 강조하지만 구체적으로 변화를 위한 중요한 길잡이가 될 수 있는 사고 체계나 의사 결정의 메커니즘에 대해 명확하게 이야기해 주지는 않는다. 셀프 트랜스포메이션은 후천적으로 개발이 가능한 영역일까? 스스로 사고의 유연성이 부족하고 변화보다는 익숙함과 안정적인 환경에서 편안함을 느끼는 성향이라면 셀프 트랜스포메이션의 중요성을 인식했다고 하더라도 갈 길이 멀다. 이를 내재화하는 데까지는 오랜 시간이 걸리기 때문이다. 요즘처럼 예측 불가한 시기에 셀프 트랜스포메이션 역량을 갖춘다는 건 먼 미래가 아닌 지금 당장 실행해야 하는 일이다.

적당한 타협은 미래의 아킬레스건이 된다

그렇다면 인간의 본능인 익숙함과 안정성 대신 새로운 변화를 위한 사고 체계를 갖추려면 어디서부터 출발해야 하는 걸까? 변화에 앞서 가장 중요한 건 자기 관대화나 합리화가 아닌 현실 직시와 변화 필요성의 인식이다. 왜 셀프 트랜스포메이션을 해야 하는지는 1장에서 충분히 다뤘다. 변화는 인식에서부터 출발한다. 변화 필요성을 인식했다면 다음 단계는 단지 인식에만 머무르는 것이 아니라 행동으로 옮기는 거다. 실행을 위해서는 자기 자신을 변화에 최적화된 상태로 전환해야 한다. 이 단계를 수반하지 않은 변화는 당장의 필요에 의한 일회성에 그칠 확률이 높다. 일회성에 그치지 않으려면 변화 필요성 인식 후 반드시 실행 단계와 함께 사고 체계 내재화 과정이 수반되어야 한다. 필요에 의한 대안적 선택으로 두기에는 이미 세상이 너무나 급격하게 변화하고 있다. 그 속도를 따라가려면 우리 역시 내재화 과정에 들이는 시간을 단축해야만 한다. 2장에서는 내재화 과정에 들이는 시간 단축을 위해 우리가 반드시 알아야 할 근본적인 사고 체계에 대한 내용을 담았다. 진정한 셀프 트랜스포메이션 내재화를 위한 길잡이라고 할 수 있다.

지금 당장의 편안함을 위한 적당한 타협은 다가올 미래에 나의 아킬레스건이 된다. 현재의 안정성 추구는 미래가 보장되지 않는 당장의 편안함이다. 내일이 아닌 바로 지금부터 세상의 빅 리셋에 맞춰 셀프 트랜스포메이션 무기 장착을 서둘러야 한다.

PART
2

셀프 트랜스포메이션을 위한 필수 지침

01 빠른 판단력과 문제 해결력

30대 초반부터 나의 직속 상사는 항상 대표이사님이었다. 비교적 어린 나이부터 대표님이 직속 상사였던 셈이다. 이후 총 세 분의 대표님을 상사로 모셨고 성과에 대한 인정도 받았다. 그렇다면 조직에서의 나의 강점 역량을 한가지만 꼽는다면 무엇이었을까? 책 집필 과정은 나의 지난 경력을 되돌아보는 소중한 기회가 되었고 그 답을 찾는 데는 그리 오랜 시간이 걸리진 않았다. **경력이 쌓일수록 권한과 책임은 늘어나는데 이 과정에서 가장 중요한 건 '빠르고 정확한 판단력'과 '문제 해결력'이다.** 조직에서 능력을 인정받기 위해 갖추어야 할 역량은 다양하지만 다른 모든 역량을 다 갖췄더라도 결국 이 두 가지가 없다면 무의미하다. 판단력과 문제 해결력이 적용되는 범위는 매우 광범위하다. 단지 직무적인 부분뿐 아니라 사람 간 관계, 커뮤니케이션, 전략 수립 및 실행, 환경 변화 감지와 이에 대한 대처, 각 선택이 미칠 파급력과 인과 관계 파악 등 매 순간에 걸쳐 필요한 역량이다. 조직 생활을 하다 보면 신중함을 기해야 할 때도 있지만 신속하게 결정하지 않으면 문제가 심각해지거나 중요한 걸 놓치게 되는 때가 많다. 특히나 변화가 일상이며 빠른 콘텐츠를 다루는 조직은 더욱 그렇다.

비즈니스는 속도 경쟁, 지체할 시간이 없다

내가 가장 오랜 기간 근무했던 곳은 글로벌 음악 회사다. 음악만큼 빠르게 소비되는 콘텐츠도 드물다. 하루에도 수시로 음원 순위가 바뀌니 말이다. 한 달에 몇십 장의 앨범이 발매되는 그야말로 소규모 다품종 마케팅이 특징인 음악 회사에서 빠른 결정과 결단력은 중요한 역량 중 하나다. 난 그중에서도 특히 결정이 빨랐다. HR 업무는 사람에 관련된 일이라 더 그랬다. 사람에 관련된 일이면 오히려 더 신중해야 한다고 생각할 수도 있겠지만 빠른 판단력과 직관이 있다면 초반 개입이 항상 정답인 경우가 더 많았다. 관계 관리나 갈등 관리 모두 지나친 신중함으로 개입 시기를 놓치면 문제가 더 곪아서 악화된다. 문제에 개입할 때는 빠르게 상황을 판단한 후, 어느 정도까지 개입할 것인가를 결정했다. 상대방이 스스로 해결할 수 있는 방향성을 제시하는 간접적인 개입이 효과적일 때도 있고, 사안이 심각할 경우 빠른 문제 해결을 위한 즉각적인 개입이 효과적일 때도 있다. 조직 전체에 영향을 줄 수 있는 민감한 사안일수록 오히려 결정을 늦추지 않고 즉시 처리해야 한다는 것이 나의 원칙이다.

미결 건이 하나둘 쌓이다 보면 직무 집중력이 떨어진다. 빨리 하나를 처리해야 다음 건으로 넘어갈 수 있기 때문에 빠르고 정확한 결정력은 특히나 중요한 역량이었다. 다행히 지금까지 신속히 결정했던 건들 중 결과만 봤을 때 오판을 하거나 상황이 악화되었던 적은 없었다. 매일이 결정의 연속이었지만 신속하게 판단하고 의사 결정을 했던 건 상황의 본질을 빠르게 파악하는 직관력 덕분에 가능했다고 생각한다.

아마존의 리더십 원칙

미국의 전자상거래를 기반으로 한 IT 기업인 아마존에는 유명한 리더십 원칙이 있다. 수많은 기업에서 비전이나 핵심 가치, 리더의 역할

등 주요 원칙을 세우고 강조한다. 하지만 이러한 원칙이 모든 중요한 결정에서 확고한 기준이 되는 회사는 많지 않다. 그러나 아마존은 이러한 주요 원칙들이 조직 전체를 관통하는 중심이 된다. 주요 의사 결정이나 직원 채용, 직원 평가 시에도 리더십 원칙을 기준으로 결정하고 평가한다. 14개 항목 중 '리더는 매 순간 정확하고 옳아야 한다Are Right, A Lot'라는 원칙이 있다. 아마존은 이 원칙에 대해 '정확하고 옳은 판단을 위해 리더는 뛰어난 직관과 판단력을 가지고 있어야 한다They have strong judgment and good instincts'라고 설명한다. 또 다른 원칙 중 '신속히 판단하고 실행하라Bias for Action'가 있는데 이는 신속한 결정과 행동의 중요성을 강조하는 원칙이다. 비즈니스에서는 속도가 관건이기 때문에 의사 결정과 실행은 나중에라도 바로잡을 수 있으니 폭넓은 분석 대신 위험을 감수하는 것도 가치 있는 일이라 강조한다.

문장의 의미만으로 해석했을 때는 두 항목이 묘하게 다른 지향점을 이야기하는 것처럼 보인다. 리더는 매 순간 정확하고 옳아야 한다면서 속도가 생명이니 지나치게 자세한 검토에 시간을 들이기보다 계산된 위험을 감수하라고 하니 말이다. 언뜻 보면 다른 것 같지만 자세히 들여다보면 결국 뛰어난 직관력과 판단력을 근간으로 하는 빠른 문제 해결력을 강조하고 있다. '신속히 판단하고 실행하라'라는 원칙은 의사 결정과 실행은 번복될 수 있으니 돌다리를 오래 두드리는 대신 과감하게 실행하고 이후 보완하면 된다는 의미다. 변화가 빠른 요즘 시대에 어느 정도의 불확실성은 우리가 감수해야 할 일반적인 사안일 뿐이다. 그러한 불확실성 속에서도 상황에 맞는 최선의 옳은 판단을 하는 역량이 바로 셀프 트랜스포메이션이다. 이 역량을 갖추지 못한다면 매 결정의 순간마다 불안하고 오랜 시간이 소요될 수밖에 없다. 결과가 빗나갔을 때를 대비한 안전책 마련에 고심하느라 결국 비즈니스에서 가장 중요한 가치인 신속성을 놓쳐 버리게 된다.

앞서 설명했던 것처럼 셀프 트랜스포메이션이라는 건 결국 상황을 감지하는 빠른 판단력과 변화 유연성을 갖춰야만 가능하다는 점에서 직관력과 밀접한 연관이 있다. 시간과 자원이 충분하다면 실제 나의 판단력이 옳은지 검증과 분석을 통해 확실히 증명하면 된다. 하지만 검증과 분석에 너무 긴 시간을 소요하다 보면 정작 중요한 속도경쟁에서 뒤처진다. 내가 정보를 수집하는 동안 경쟁자는 이미 빠른 판단 후 실행에 들어간다는 걸 기억해야 한다. 포스트 코로나 이후 처음 당면한 불확실한 상황을 마주할 가능성은 훨씬 더 커졌고 모호한 상황 속에서의 빠르고 정확한 판단력은 이제 필수 역량임을 염두에 두어야 한다.

02 셀프 트랜스포메이션의 근간, 직관력

직관력은 단지 타고난 '감'이나 '촉'이 아니다

그렇다면 시간과 정보가 제한적인 상황에서의 빠르고 정확한 판단력과 문제 해결력은 어디에서 기인하는 것일까? 여러 가지 요인이 있겠지만 설명했던 것처럼 가장 중요한 것 중 하나가 바로 직관력이다. 상황을 감지하는 빠른 판단력과 사고의 유연성은 직관에서 기인한다. 하지만 동일한 학습, 훈련, 경험을 했다고 해서 모든 사람이 비슷한 수준의 직관력을 갖는 것은 아니다. 어떤 방식으로 소화하느냐는 개인의 역량이나 특성에 따라 차이가 있다. 특정 상황에서 습득했던 지식, 기능, 경험 중 무엇을 불러와 현재 상황과 연결할 것인지, 현재 닥친 상황의 본질을 파악하는 데 가장 도움이 되는 건 무엇인지를 빠르게 판단해야 한다. 빠른 결정과 문제 해결을 위한 직관력은 현재 상황에 대한 객관적인 파악뿐 아니라 보이지 않는 부분과 상황을 둘러싼 다양한 이해관계자의 역학 관계까지 고려해야 할 때가 많다. 직관력은 어느 정도 주관적인 판단에 기초하므로 '감'이나 '촉'으로 오인하기도 하며 선천적으로 타고나야 하는 것으로 이해하는 경우도 있다. 하지만 우리가 직관력의 중요성을 인지하고 후천적인 노력을 기울인다면 충분히 더 높은 수준으로 직관력을 고도화할 수 있다.

'뇌 가소성'이라는 용어가 있다. 개인이 경험하는 환경적인 요인이나 자극의 변화에 따라 인간의 뇌는 계속해서 변화한다는 뜻으로 학습이나 환경 요인에 따라 뇌세포는 계속 성장하거나 쇠퇴할 수 있다는 의미다. 불과 20년 전까지만 해도 20세가 지나면 뇌 발달이 멈춘다고 믿었다. 하지만 성인의 뇌도 환경 변화 혹은 생각의 방향 전환 등을 통해 뇌를 어떻게 활용하느냐에 따라 변화한다는 연구나 치료 사례가 점점 늘어나고 있다. 특히 생각의 방향 전환을 넘어 행동으로 옮겨 실행하는 것을 통해서는 더 많은 변화를 끌어낼 수 있다고 한다. 이런 관점으로 볼 때 직관력은 타고나는 부분도 있지만 학습과 경험을 통해 더 높은 수준으로 개발될 가능성도 함께 가지고 있다고 볼 수 있다. 보이지 않는 부분까지 파악하고 상황에 맞는 분석력과 해석력을 발휘하는 능력은 경험과 상황적 요인에 의해 충분히 개발될 여지가 있기 때문이다. 중요한 건 개인 스스로가 이 부분의 중요성을 인식해야 한다는 것이다. 자기 인식과 개발 의지가 없다면 그나마 개발될 수 있는 여지마저 퇴화시키는 결과를 초래한다. 유전적 요인이나 환경 탓만 할 것이 아니라 스스로를 변화시킬 수 있는 주도권이 자신에게 있다는 사실을 깨달아야 한다.

직관의 약점과 보완

직관적 사고에 대해 비판하며 약점이나 맹점을 지적하는 학자들도 물론 있다. 그중 하나가 바로 '인지 편향'이다. 인지 편향이란 사람이나 상황에 대한 비논리적인 추론에 근거해 잘못된 판단을 내리는 패턴을 말한다. 판단은 인간의 주관에 기초하기 때문에 오류 가능성을 내포하고 있다. 하지만 이 세상에 모든 상황적 판단을 100퍼센트 만족시키는 이론이나 개념은 존재하지 않는다. 수용자가 어떤 강점을 받아들여 고도화하고 약점이나 맹점은 어떤 방식으로 보완해서 대안을 찾느냐가 더 중요하다. 사고의 유연성을 발휘할 필요가 있다.

한쪽으로 치우치지 않으려고 하는 사고의 균형, 단편적인 부분을

벗어나 연결된 여러 가지 경우의 수를 고려하는 확장된 시선, 주관적 감정이나 자기 관대화에서 벗어나 객관적인 관찰자 시점을 유지하는 사고 체계를 갖춘다면 주관적 판단에 기초한 직관의 약점으로 꼽히는 인지 편향에 빠지지 않을 수 있다. 나는 직관의 약점을 보완하고 강점을 한층 고도화시키는 데 도움이 되는 인지 체계 혹은 사고 체계를 시스템적 사고, 메타인지, 자기 객관화라고 생각한다. 실제로 자기 관대화나 합리화에서 벗어나 확장된 시선을 갖추려고 노력했던 긴 시간 동안의 자기 인식과 성찰 과정은 내 인생에 많은 변화를 가져왔다. 변화된 사고 체계는 삶의 전 영역에 걸쳐서 영향을 미친다. 고도화된 직관력을 갖추는 건 단지 조직에만 해당하는 가치가 아니라 내 삶의 모든 영역에 지대한 영향을 미친다는 점을 기억하기 바란다.

03 시스템적 사고, 나무가 아닌 숲을 보는 법

앞서 직관력을 고도화하기 위해 우리가 관심을 가져야 할 인지 체계와 사고 체계로 나무가 아닌 숲을 바라보는 시스템적 사고, 자신이 아는 것과 모르는 것을 명확하게 식별하는 인지 체계인 메타인지, 객관적인 관찰자 시점으로 바라보는 사고 체계인 자기 객관화를 꼽았다. 물론 여러 가지 다른 요인도 있겠지만 기본적으로 이 세 가지를 갖추면 많은 선택의 기로에 섰을 때 비교적 정확하고 빠르게 결정하는 문제 해결력을 발휘하는 데 도움이 된다. 그리고 이런 경험치가 계속해서 쌓이다 보면 처음 맞닥뜨리는 상황에서도 최선의 선택을 할 수 있는 직관력이 고도화된다. 결국 직관력이나 통찰력은 우리의 인지 체계와 사고 체계가 고도화된다면 충분히 개발 가능하다는 뜻이다.

그렇다면 시스템적 사고, 메타인지, 자기 객관화란 구체적으로 무엇을 말하는 것일까? 용어의 뜻을 이해하는 것이 중요한 이유는 단어나 어휘로 명명된 개념을 인지해야 비로소 머릿속에 인식하기 때문이다. 확실하게 인식한 후에야 이것이 나에게 필요한 것인지 판단할 수 있다. 애초에 이런 개념이 있다는 사실 자체를 모른다면 그다음 단계인 수용 여부에 다다를 수조차 없다. 나의 경우도 그랬다. 이미 내가 갖고 있거나 타고난 기질 혹은 특질에 대해 좀 더 깊은 단계의 사고 과정으로 들어갔던 것은 그 기질이나 특질의 명확한 개념을 인지한 이후부터였다. 그래서 좋은 특질은 더 고도화하고 그렇지 않은 부분은 개선하거나 보완하려는 노력으로 이어졌다. 무언가를 습득하고 알아간다는 건 단순히 지식의 성장에만 그치는 것이 아니라 사고의 확장과 실행으로 이어진다. 다만 지식 습득에만 그치는 사람, 사고의 확장으로 연결하는 사람, 실행 단계까지 가는 사람, 실행 후 평가를 통해 개선점까지 찾는 사람 등 소화하는 방식은 다양하다. 조직에서 성장하고 싶은 사람이라면 마지막 단계까지 가는 노력을 게을리하지 않아야 한다. 어느 단계에 머무르느냐에 따라 훗날 나의 사고의 수준과 미래의 모습이 달라진다.

나무가 아닌 숲을 보는 법, 시스템적 사고

조직 입장에서 나무가 아닌 숲을 본다는 건 결국 중요한 의사 결정이나 상황적 판단을 할 때 조직 관점의 확장된 사고를 하라는 의미다. 그러면 보는 관점과 시야가 더 넓어지게 된다. 이러한 확장된 사고를 하는 데 있어 조직에서의 직급이나 경력 기간은 중요하지 않다. 대리인데도 조직의 관점으로 바라보는 사람이 있고, 과장이나 차장의 위치에서도 여전히 자신 혹은 자신이 속한 부서만의 관점에서 바라보는 사람이 있다. **개인이나 부서의 이익 관점이 아니라 조직의 이익 관점으로 바라보는 습관을 빨리 들일수록 핵심인재에 가까워진다.** 조직 관점에서 전체를 조망하는 사람과 '나' 관점에서 지금 당장만을 바라보는 사람의 3년 후, 5년 후의 문제 해결력 정도는 당연히 다르다. 숲을 볼 줄 아는 사람은 그 안의 나무도 보지만 나무만 보는 사람은 숲을 보지 못한다. 조직 관점에서의 조망은 개인의 시야를 넓히고 관점을 확장시킨다. 보다 객관적이고 확장된 시선으로 바라보기 때문에 여러 경우의 수를 고려하여 합리적인 결정을 내릴 수 있다. 조직 관점에서의 출발이라는 확실한 원칙과 자기중심을 갖고 있으면 매 순간 선택과 문제 해결이 비교적 명료해진다. 현재 나의 사고의 습관이 훗날 큰 경쟁력으로 돌아온다는 걸 기억하기 바란다. 다만 사고의 습관을 들이기까지 오랜 시간이 걸린다는 점을 고려하면 실행은 빠를수록 좋다.

시스템적 사고의 중요성

나무가 아닌 숲을 바라보고 조직의 관점에서 조망하는 사람들의 역량의 특성을 설명하는 개념이 바로 '시스템적 사고'다. 시스템적 사고란 어떤 현상이나 상황에 대해 부분이 아닌 전체적 맥락에서 시스템적으로 파악하는 역량이다. 즉, 어떤 현상의 단면뿐 아니라 각각의 요소들이 어떤 상호작용을 통한 인과 관계를 가지며 전체 시스템에 어떤 영향을 주는지를 확장된 시각으로 바라보는 것이라고 할 수 있다. 이렇게 말하면 그건 숲이 아닌 나무가 아니냐고 반문할 수도 있지만 앞서 언급했던 것처럼 숲을 볼 줄 아는 사람은 그 안의 나무도 보지만 나무만 보는 사람은 더 큰 숲은 보지 못한다. 부분만 보고 판단하는 경우 오류의 확률이 더 높아질 수밖에 없다. 톱니바퀴의 각 부분이 어떻게 연결되어 움직이는지 전체적인 시스템을 알아야 톱니바퀴에 문제가 생겼을 때 어떤 부분부터 우선적으로 살펴야 하는지 빠른 판단이 가능하다. 작은 부분에만 집중하는 사람은 연결된 인과 관계와 더 중요한 큰 가치를 놓치게 된다. 개별적 사안들이 장기적으로 조직 전체에 어떤 파급력을 미칠지 각각의 변수 간 인과 관계를 고려하는 것은 조직 생활에서 매우 중요하다. 하지만 이런 변수와 인과 관계를 고려하는 데 필요한 시간과 자원은 한정적일 때가 많으며 이건 우리가 바꿀 수 없는 부분이다.

비즈니스의 생명은 결국 속도다. 시스템적 사고를 바탕으로 한 직관력은 이러한 속도와 변화라는 유동적 상황에서 강점을 발휘한다. 조직에서 시스템적 사고를 고도화하는 첫 단계는 자신이나 자신이 속한 부서의 이익 관점이 아니라 조직 전체의 이익 관점에서 바라보는 습관을 들이는 것이다. 부서 이기주의라는 건 그 형태나 정도의 차이만 있을 뿐 어느 조직에서나 존재하기 마련이다. 부서의 성과가 개인 성과와도 밀접한 연관이 있고 이에 따라 조직 내에서의 영향력이나 역학 관계에도 영향을 미치기 때문이다. 그러므로 조직에서도 조직 구성원이 속한 팀이나 부서가 아닌 조직의 전략적 목표에 집중할 수 있는 프로세스와 구조를 확립해 주어야 한다. 하지만 조직 구성원 또한 조직 내에서의 역학 관계가 어느 정도 존재한다고 하더라도 개인 관점이나 부서 관점의 지엽적 판단을 지양하려고 노력해야 한다. **자신이 속한 부서뿐 아니라 조직 내 각 부서의 업무 흐름에 대한 이해와 관심, 조직의 내외부 이해관계자에 대한 이해, 가치 사슬, 조직의 전사적인 전략 목표, 최근 조직 내 변화에 관한 관심과 원인 분석, 자신이 속한 산업군의 시장 분석 및 경쟁자 분석 등 전반적인 큰 흐름에 대한 이해가 바탕이 되어야 조직 내 비즈니스의 흐름과 각 부분에 대한 이해력이 높아진다. 직급을 떠나 이러한 사고력을 조금이라도 일찍 함양하는 사람은 직관력도 함께 고도화할 수 있다.**

04 메타인지와 자기 객관화

빠르고 정확한 판단력과 문제 해결력의 근간이 되는 것 중 하나가 시스템적 사고라면 두 번째는 메타인지와 자기 객관화다. 메타인지와 자기 객관화는 어떤 의미에서는 서로 연결된 지점이 있다. 우선 메타인지란 쉽게 설명하면 어떤 것을 배우거나 실행할 때 자신이 아는 것과 모르는 것을 정확히 파악하는 능력이다. 인지심리학자들은 지식에는 두 가지 종류가 있다고 이야기하는데 첫 번째는 내가 알고는 있지만 말로 명확하게 설명할 수 없는 지식이고, 두 번째는 내가 알고 있는 바를 남에게 명확히 설명할 수 있는 지식이라고 한다. 그리고 두 번째 지식만이 진정한 지식이라고 말한다. 첫 번째 지식은 자주 경험하거나 간접적으로 그 환경에 노출된 데서 오는 친숙함 때문에 스스로 알고 있다고 착각하는 경우다.

무언가를 막연하게 알고 있다고 생각하지만 누군가에게 논리정연하게 설명하려고 하면 갑자기 머릿속이 백지장처럼 하얘질 때가 있다. 이는 단순히 언변의 문제가 아니다. 곰곰이 생각해 보면 그 이유는 항상 간단하다. 미디어나 주변에서 많이 접하는 내용이라 익숙하기에 잘 안다고 착각하고 있지만 실제 그 문제에 대해 좀 더 깊은 수준의 사고화 과정을 거쳐 나의 지식으로 재생산하지 못했기 때문이다. 대학교 재학 시절에 유난히 조별 발표 수업이 많았다. 나는 다들 꺼리는 발표를 도맡아 했는데 그 이유는 두 가지였다. 첫 번째는 서로 눈치 싸움 하는 게 싫어서였고, 두 번째는 힘든 과정이지만 결국 가장 큰 수혜자는 나 자신이라는 생각 때문이었다. 발표할 내용을 완벽하게 숙지하지 않으면 이후 이어지는 학생들과 교수님 질문에 우왕좌왕하게 된다. 나 자신이 가르치는 사람이라는 생각으로 준비해야 발표하는 사람, 듣는 사람 모두가 만족스러운 시간이 되기 때문에 더 많은 준비를 했다. 발제 경험을 통해 머리로 이해하는 것과 그것을 누군가에게 설명하는 데는 큰 격차가 존재한다는 걸 깨달았다. 결국 발표를 맡은 사람이 가장 많은 걸 얻게 된다. 알고 있으면서 남들에게 명확히 설명할 수 있는 두 번째 지식에 해당하기 때문이다.

다양한 지적 경험과 상황적 경험의 중요성

아마존의 리더십 원칙 14개 중 하나가 바로 '크게 생각하라Think Big'이다. 그리고 다음과 같이 부연한다. '협소한 생각은 자기만족에 불과하다. 리더는 결과물을 끌어낼 수 있도록 대담한 방향을 제시하고 소통할 줄 알아야 한다. 고객에게 최고의 가치를 전달하기 위해 기존과 다른 관점으로 다양한 방법을 모색해야 한다'. 크게 생각한다는 건 사고가 확장되어 있지 않다면 불가한 일이다. 사고를 확장하려면 늘 하던 대로의 반복적인 익숙함, 안정성이라는 편안함에서 벗어나야 한다. 인지심리학자인 아주대학교 김경일 교수는 강연 프로그램에서 "상황, 맥락, 관점을 바꾸면 인간에게는 엄청난 변화가 일어나는데 스스로의 메타인지를 높이고 싶으면 자꾸 낯선 상황, 새로운 환경에 스스로를 노출시켜야 한다"라고 강조했다. 낯선 상황에 자신을 자꾸 노출해야 생각의 품질이 높아지고 더 깊고 넓은 생각이 가능하기 때문이다. 익숙하고 평범한 상황에서 벗어나 스스로를 낯선 상황에 노출한다는 건 다양한 지적, 상황적 경험을 쌓는 것을 의미한다.

자기 자신이 아는 것과 모르는 것을 명확히 아는 건 단지 지식의 문제에만 국한되는 것이 아니다. 어떤 한 가지의 인지 체계는 사고의 다양한 부분과 연결되어 있다. 나를 객체로 두고 제3자인 관찰자 시점으로 바라보는 자기 객관화의 경우도 본능적인 자기 관대화를 넘어 스스로에 대해 객관적인 시선을 견지한다는 점에서 메타인지 능력과 어떤 면으로는 연결되는 부분이 있다. 메타인지가 지식이나 학습적인 관점에서의 인지 체계에 가깝다면 자기 객관화는 일종의 높은 수준의 사고 체계라고 할 수 있다. 중요한 건 메타인지와 자기 객관화 모두 후천적으로 개발이 가능하다는 점이다.

05 관계에서의 직관력, 나의 민낯 직시하기

스스로의 민낯을 마주할 용기, 나를 알아야 너를 안다

'내가 보는 나'와 '남이 보는 나'의 싱크로율은? 살면서 한 번쯤 생각해 보았을 법한 질문이다. 오래전에 일명 '당신이 몰랐던 당신의 모습'이라는 그림 게시물이 각종 온라인 커뮤니티 사이트를 중심으로 누리꾼의 공감을 얻은 적이 있다. 내가 보는 나와 남이 보는 나의 간극이 너무 커서 과연 같은 사람이 맞나 싶을 정도다. 이 게시물은 추후 회사 직원 교육 커리큘럼으로 기획했던 자기 객관화에 대한 아이디어를 제공해 주었다. 그렇다면 자기 객관화란 무엇일까? 여러 가지 정의가 있겠지만 '나를 객체로 두고 제3자의 시선으로 있는 그대로의 나를 바라보는 것'이라고 정의하고 싶다. 제3자의 시선으로 나를 객관적으로 바라보기, 결코 말처럼 쉬운 일이 아니다. 모든 사람들의 세상을 바라보는 관점은 나 자신에서 출발한다. 이처럼 주관적 관점에서 출발하니 자기 자신에게 관대해지는 것은 당연한 일이다.

불의를 참지 못하는 의협심이 쓸데없이 나서기 좋아하는 화 많은 사람으로 비치고, 할 말은 반드시 해야 하는 정의로운 성격이 불만 많고 참을성 없는 사람으로 비칠 뿐이라면? 낯가리는 성격이 무뚝뚝하고 인사성 없는 사람으로, 이타심 넘치는 성격이 쓸데없이 간섭하는 사람으로 받아들여질 뿐이라면? 냉정한 현실을 직시한다는 건 외면하고 싶은 고통스러운 과정이다. 자신의 민낯을 마주하고 나 자신을 객관적으로 의심해 보는 과정이 뒤따라야 하기 때문이다. 설령 그 단계까지 갔다고 하더라도 성찰을 통해 변화하는 건 더 어려운 상위 단계다. 남을 비난하고 판단하는 건 쉽지만 나 또한 누군가에게 평가받고 비난받을 수 있다는 걸 망각할 때가 많다. 타인의 눈을 의식하라는 말이 아니다. 1인칭일 수밖에 없는 나의 관점에서 벗어나 2인칭의 관점을 고려해 보는 과정을 거쳐 3인칭의 관찰자 시점으로 나를 바라보는 연습이 필요하다. 이게 바로 자기 객관화다.

관계에서의 직관력, 나의 민낯 직시하기

나를 제대로 알아야 남을 제대로 파악할 수 있다. 빠른 판단과 문제 해결의 근간이 되는 직관력은 관계에서도 마찬가지로 적용된다. 우리가 조직 생활에서 마주하게 되는 다양한 상황 속에는 눈에 보이는 현상 외에 보이지 않는 부분이 존재한다. 그리고 여기에는 여러 이해관계자의 역학 관계가 맞물려 있는 경우가 많다. 사람에 대한 기본적인 관심과 이해 없이는 반쪽짜리 직관만 발휘될 뿐이다. 관계에 대한 직관을 높이는 데 가장 도움이 되는 사고가 자기 객관화다. 자기 객관화는 1, 2인칭을 넘어 3인칭으로 확장된 높은 의식의 수준이며 고등한 사고방식이다. 자기 객관화가 중요한 이유는 결국 '나'를 제대로 이해해야 '너'를 이해하고 더 나아가 객관적으로 본질을 파악하는 직관을 더 높은 단계로 끌어 올릴 수 있기 때문이다. 조직에서도 마찬가지다. 자기 객관화가 되는 직원은 위치나 직급에 관계없이 좋은 평가를 받는다. 인간의 본능인 자기 관대화에 기반한 사고가 아닌 확장된 사고를 하고 있기 때문이다. 나를 객관적으로 바라본다는 건 다른 사람의 다양한 의견을 받아들이는 것이기도 하다. 이러한 과정은 자신을 경계하고 아집과 편협함에 빠지지 않도록 해 주며 문제 해결 시에도 좀 더 확장된 시선으로 바라볼 수 있게 해 준다. 또한 결과가 미치게 될 여러 가지 경우의 수를 고려해 합리적인 판단을 할 수 있다. 앞서 말한 것처럼 직관적 사고에 대한 비판 중 하나가 바로 인지 편향인데 자기 객관화는 인지 편향의 맹점을 보완할 수 있는 사고 체계다. 인지 편향이란 사람이나 상황에 대한 비논리적인 추론에 근거해 잘못된 판단을 내리는 패턴을 말한다. 직관적 판단은 인간의 주관에 기초하기 때문에 언제든지 인지 편향적 오류를 범할 가능성을 내포하고 있다. 그러나 자기 객관화가 바탕이 된 상황에서의 직관력은 이러한 오류를 최소화하는 데 도움을 줄 수 있다.

고도화된 직관과 셀프 트랜스포메이션

하지만 '나' 관점에서 바라보는 자기 관대화 경향은 본능에 가까운 것이기에 상황마다 관찰자로서의 관점을 유지하는 게 결코 쉬운 일은 아니다. 때로는 인정하기 싫은 자신의 편협함과 콤플렉스를 받아들여야 할 때도 있다. 내가 누군가를 싫어하는 이유는 사실 나의 콤플렉스에서 비롯된 것이며 매 순간 나를 과시하려고 하는 성향 역시 무의식 속 열등감을 덮기 위한 자기 과시일 수 있는 것처럼 말이다. 민낯을 직시하는 건 용기와 인내심이 필요한 과정이다. 매 순간 다시 나 관점으로 돌아오려는 관성은 생각보다 강하다. 하지만 이런 과정을 내재화한다면 좀 더 성장하고 확장된 자신을 마주할 수 있다. 나 자신을 마스터해야 더 높은 단계로 이동한다. 지금까지 빠른 판단력과 문제 해결력의 원천인 직관력과 이러한 직관력을 고도화하기 위한 기본 근간이 되는 세 가지 요소인 나무가 아닌 숲을 보는 시스템적 사고, 어떤 것을 배우거나 실행할 때 자신이 아는 것과 모르는 것을 정확히 파악하는 능력인 메타인지, 나를 객체로 두고 제3자인 관찰자 시점으로 바라보는 자기 객관화를 알아보았다.

1장에서 밝힌 로버트 호프만이 꼽은 인간이 기계보다 뛰어난 5가지의 강점이 결국 직관에서 기인한다는 주장처럼 직관력은 예측 불가한 상황에서 발휘되는 인간의 능동적이고 유연한 사고의 근간이 된다. 직관력을 갖춘 사람은 어떤 급격한 변화나 어려운 상황이 닥치더라도 사고의 유연성을 발휘해 상황에 맞는 판단력을 발휘한다. '셀프 트랜스포메이션'이라는 건 상황을 감지하는 빠른 판단력과 사고의 유연성이 있어야 가능하다는 점에서 직관력과 밀접한 연관이 있다. 그렇다면 셀프 트랜스포메이션 역량을 성공적으로 장착하기 위해 가장 먼저 해야 할 일은 우리의 사고 체계를 변화시키는 일이다. 사고 체계의 변화 없이는 실제 셀프 트랜스포메이션 단계까지 이어지지 않는다. '셀프Self'는 '나 자신'을 뜻한다. 트랜스포메이션 앞에 셀프가 붙는 이유는 변화의 주체가 바로 나 자신이기 때문이다. 셀프 트랜스포메이션은 불확실한 상황과 급격한 변화에 휘둘리지 않고 오히려 유연한 사고를 발휘해 문제 해결력을 보이는 최고의 자기 주도성이다. 나 자신이 주체가 되어야 변화에 맞서는 게 아니라 변화를 기회로 활용하는 사람이 될 수 있다.

PART
3

조직원의 셀프 트랜스포메이션

01 모호함과 불확실성의 가치

2장에서 셀프 트랜스포메이션을 강화하기 위해 어떤 사고 체계를 갖추어야 하는지를 설명했다면 3장에서는 셀프 트랜스포메이션을 갖춘 조직 구성원의 주요 특징과 역량이 무엇인지에 대해 알아볼 것이다.

2019년 구글의 인재 채용·관리 프로그램 총괄인 카일 유윙Kyle Ewing이 기자 간담회에서 구글이 원하는 인재상에 관해 "모호한 가운데에서 길을 찾는 능력은 구글러의 가장 중요한 자질 중 하나"라고 말했다. 아마존에서도 '모호함 다루기Dealing with Ambiguity'는 조직에서 중요시하는 가치 중 하나다. 세계 미디어 시장을 주도하는 넷플릭스 역시 내부 문서인 '넷플릭스 문화: 자유와 책임Netflix Culture: Freedom & Responsibility'에서 '모호한 상황에서도 현명한 결정을 내려야 한다'는 부분을 강조하고 있다. 빅테크 기업은 특히나 빠른 변화가 일상인 곳이기에 모호한 상황들 속에서도 신속하고 정확한 판단력과 문제 해결력을 발휘하는 건 당연히 갖춰야 할 역량일 수밖에 없다.

이미 충분히 쌓인 경험을 바탕으로 문제 접근 방식을 추론하는 것은 그리 어려운 일이 아니다. 누적된 경험만큼 정보도 누적되어 있을 테니 말이다. 하지만 경험이나 정보가 파편적으로 흩어져 있어 모호한 경우라면? 현재 내가 봉착한 문제를 해결하는 데 어떤 정보를 응용해야 효과적인지를 판단하여 정확히 연결할 줄 아는 힘이 바로 모호함에서 길을 찾는 역량이다. 대개 100퍼센트 완전히 새로운 경우보다는 흩어져 있는 것을 연결하고 융합해야 하는 경우가 더 많다. 이미 존재하는 방식을 그대로 답습하는 것이 아니라 변형하고 연결할 줄 아는 능력은 좀 더 높은 단계의 문제 해결력이다. 비즈니스 세계는 속도 전쟁이고 이미 매년 변화의 속도가 점점 빨라지고 있다. 그런데 여기에 코로나19까지 더해져 전문가들조차도 향후 방향에 대해 의견이 분분한 상황이다. 비대면의 중요성이 우선순위가 되면서 변화된 수요와 시장 상황에 대한 정확한 예측이 그 어느 때보다도 중요한 시점이다. 온라인, 모바일 시대로의 전환 속도가 더 빨라짐에 따라 오히려 경쟁자보다 빠르게 기회를 잡는 것이 가능한 산업군도 있지만 대부분은 비즈니스에 심각한 타격을 입고 있다. 속도 대응 못지않게 정확한 예측과 판단력이 필요하다. **무에서 유를 창조하는 것만이 혁신은 아니다. 모호함과 불확실성 속에서도 정보와 경험을 연결하고 새로운 아이디어로 발전시켜 실행하는 것 또한 혁신이다.**

문제 해결에서 객관식의 정답은 없다

인생도 그렇지만 조직 생활에서도 우리가 맞닥뜨리는 문제들을 해결하는 데 객관식으로 정해진 정답이 있는 것이 아니다. 어떤 문제를 해결하는 데 A부터 Z까지의 방법이 존재한다면 A와 C를 활용하는 게 효과적일지 D와 H를 활용하는 게 더 효과적일지 선택하고 응용하는 역량은 정답이 따로 없는 주관식에 가깝다. 각 상황마다의 문제 해결 방법은 조직의 상황, 고객, 경쟁사 등의 세부 환경 분석, 산업 환경분석, 거시 환경 분석 등에 따라 달라질 수밖에 없다. 환경 분석을 통해 빠른 시장의 변화 상황에 맞춰 해결책도 유연하게 변형할 줄 알아야 한다. 전혀 예상 범위 내에 없었던 코로나19 이후의 사업 운영 방향이 코로나19 이전과 달라져야 하는 것처럼 말이다. 모호함과 불확실성은 이제 비즈니스에서는 일반적인 일이 되었고 모호함 다루기는 반드시 갖추어야 할 기본 역량이 됐다.

인생은 계획한 대로 흘러가지 않는다. 변수는 곳곳에 숨어 있고 아무리 많은 경우의 수를 두고 준비를 해도 전혀 예상치 못한 방향에서 문제가 불거지기도 한다. 이미 짜 둔 계획에만 맞춰 나아가기에는 현재 상황의 불확실성과 모호함의 정도가 너무 크다. 계획에서 벗어나더라도 유연하게 대처하고 상황에 맞는 해결책을 찾을 수 있으려면 사고의 유연성과 변화 대응력을 갖춰야 한다. 창의력과 창조력, 환경 변화 대응력, 감지력, 의사 결정의 유연성은 앞 장에서 설명했던 것처럼 날카로운 직관에서 나온다. 직관력이 뛰어난 사람은 모호함과 불확실성 가운데서도 우선순위를 두고 주관식의 답을 찾는 문제 해결력에 강점을 보인다. 통계나 확률 등의 수치나 데이터가 중요하더라도 어떤 부분에 중점을 둘지 기획 방향을 정하는 초반 작업은 직관력과 관련이 있다. 제대로 된 가설을 세우고 거기에 맞는 방향이 제대로 잡혀야 그다음 자료 수집과 분석 단계로 가는 시간을 절약할 수 있다.

아이디어와 창의성이 뛰어나도 실현 가능성이 없다면 비즈니스에서는 의미가 없다. 고도화된 직관력이란 불확실한 감이나 촉이 아니라 경험에서 나오는 아이디어를 구체화하고 현실화하는 실행력까지 포함한 것이다. 실현 가능성이나 비즈니스 영향력이 없는 추상적인 아이디어는 직관이라기보다는 검증되지 않은 막연한 감이나 촉에 불과하다. 상황에 따라 맞을 때도 있고 틀릴 때도 있는 변동 폭이 크다면 그건 우연에 기댄 직감일 뿐이다. 직관은 학습이나 훈련으로 고도화할 수 있다. 결과 예측에 큰 차이가 있다면 직관력을 고도화하기 위한 훈련이 필요하다. 한정된 시간과 자원, 계획에서 벗어난 변수가 많은 포스트 코로나 시대를 대비하기 위해서는 모호한 가운데 길을 찾는 능력을 반드시 갖추어야 하기 때문이다.

02 새로움과 낯섦의 가치

사람들은 대부분 익숙함과 동질감에서 편안함을 느낀다. 관계도 마찬가지다. 코드가 맞는 사람과의 관계에서 오는 동질감은 우리에게 편안함과 안정감을 준다. 하지만 '성장'의 관점에서 본다면 익숙함, 동질감, 편안함은 방해 요인으로 작용하는 경우가 많다. 인생에서 무언가 긍정적인 자극을 받거나 성장에 도움이 된다고 느낄 때는 오히려 새로운 환경에서 경험을 쌓고 다양한 사람들과 교류할 때다.

비슷한 생각과 취향을 가진 사람들하고만 어울리다 보면 다양한 관점을 경험할 기회를 놓치게 된다. 스스로 사고를 확장할 기회를 제한

하는 것이다. 인지심리학자인 아주대학교 김경일 교수는 "낯선 환경, 새로운 환경에 자신을 자꾸 노출해야 메타인지가 발달하고 변화가 일어난다"라고 강조했다. 낯선 것은 늘 우리를 불편하게 만든다. 그래서 어떻게든 그런 상황에 놓이는 걸 피하고 싶은 것도 사실이다. 하지만 아무것도 하지 않으면 아무 일도 일어나지 않는 것처럼 낯선 것을 넘어서야 비로소 의식과 사고도 성장한다. 그것은 새롭고 낯선 지식을 습득하는 과정일 수도 있고, 경험해 보지 않았던 것을 처음 시도하는 행위일 수도 있으며, 새로운 사람들과의 만남을 통한 긍정적인 자극일 수도 있다. 변화와 성장은 늘 새롭고 낯선 것에서부터 시작되는 경우가 많다.

장애물 극복도 경험치가 쌓인다

무언가 성과를 내서 조직의 인정과 보상을 받게 되면 분명히 큰 성취감을 느끼게 된다. 그런데 내가 잘하고 좋아하는 걸 했을 때의 성취감에서 오는 성장보다 오히려 힘들고 어려운 장애물을 극복했을 때 따라오는 내면 성장이 인생에서는 더 중요하다. 힘들고 어려운 장애물이란 여태껏 경험해 본 적 없는 상황을 말한다. 경험이 있다면 비슷한 장애물을 만나더라도 이미 노하우가 있기에 심리적 타격이 덜하다. 하지만 처음 겪는 상황인 데다가 심각한 난관이 예측될 경우 외면하거나 포기하고 싶은 게 현실이다. 결국 지레 겁먹고 포기한 후 자기 합리화 과정을 통해 책임을 돌릴 곳을 찾게 된다.

인간은 대단히 이성적이고 논리에 따라 행동하는 것 같지만 사실 많은 경우 이성과 논리가 아닌 감정과 주관에 따라 행동하는 모순적인 존재다. 자기 모순적인 생각과 행동을 하는 순간 스스로 그 사실을 인식한다면 그래도 자기 객관화 수준이 높다고 할 수 있다. 하지만 그렇지 못한 경우가 더 많다. 때로는 자기 합리화로 발생한 결과에 맞춰 자신을 설득하거나 외부에서 탓할 거리를 찾는 데 시간을 낭비하기도 한다. 외부의 탓으로 돌린다 해도 극복하지 못한 주체가 바로 자신이라는 사실은 변하지 않는다. 실패한 장본인이 나라는 사실을 받아들이기 힘들어 외부에서 변명거리를 찾을 시간에 원인 분석을 통해 개선점을 찾거나 다른 대안을 찾는 것이 시간과 에너지 낭비를 줄이는 방법이다. 결과가 좋지 않았더라도 이처럼 실패의 원인을 분석하고 개선점을 찾는 노력을 기울인다면 아직 실패로 귀결된 게 아니다. 경험이 없는 데서 오는 두려움으로 결과를 예단하고 새로움과 낯섦의 가치를 미리 피하지 마라. 조직 생활을 하다 보면 예기치 않은 크고 작은 장애물을 만나는 상황은 언제든지 발생한다. 하지만 새롭게 맞닥뜨린 고난이나 장애물을 극복하는 데도 내성이 생긴다. 한 번이 어렵지 그 이후에는 극복했던 경험을 바탕으로 조금 더 힘든 장애물도 극복할 수 있는 마음 근육이 만들어진다.

새로움과 낯섦의 가치

하던 것만 하면 어느 순간 매너리즘에 빠지고 더는 일정 수준 이상의 새로운 아이디어가 떠오르지 않는 상황이 이어진다. 익숙해진다는 건 그 시간만큼 숙련도가 높아진다는 의미도 있지만 숙련도라는 것은 반드시 쌓인 시간에 비례해 계속해서 높아지는 건 아니다. 이는 언어를 배우는 과정과 비슷하다. 제2 외국어를 배울 때 들인 시간만큼 계속해서 실력이 성장하는 것이 아니라 계단식으로 서서히 성장한다는 생각을 자주 했다. 조직에서의 숙련도도 어느 단계까지는 큰 폭으로 성장하다가 새로운 자극과 변화가 없으면 비슷한 수준이 한동안 지속된다. 조직에서 변화나 성장 없이 무언가가 지속된다는 건 장기적 관점에서 개인과 조직의 성장 모두에 마이너스다. 익숙함을 유지하려는 관성이 언젠가 당신의 발목을 잡는다. 익숙함이나 매너리즘에 빠지지 않고 계속 성장하려면 끊임없이 새로운 인풋Input을 해 주어야 한다.

가장 좋은 방법은 새로운 경험과 낯선 상황에 나를 의도적으로 노

출하는 건데, 이때 중요한 것 중 하나가 바로 호기심이다. 낯섦에 대한 불편함보다 호기심의 크기가 더 강하면 실행으로 이어진다. 호기심이 있는 사람은 하나라도 더 알고 싶어 한다. 궁금하기 때문이다. 세계 미디어 시장을 주도하고 있는 넷플릭스가 중시하는 9가지 행동과 기술 중 하나가 '호기심'이다. 호기심이 강한 사람은 더 많은 것을 알려고 한다. 상사가 알려 주기 전에 질문하며 자신의 영역을 넘어선 부분까지도 궁금해한다. 호기심은 누가 시키거나 강요해서 생기는 수동적인 개념이 아니라 자발적인 궁금증이기 때문이다. 낯설고 새롭기 때문에 궁금해하는 기질은 알고자 하는 욕구와 실행으로 이어지고 그 과정에서 또 다른 의미의 확장과 성장을 경험하게 된다.

03 / 사부작거림의 가치

나는 사람을 판단할 때 그 사람의 '의식의 노화' 정도를 확인한다. 20대라도 자신만의 틀에 갇혀 새로움을 받아들이거나 도전하지 못하고 머물러 있으면 그 사람은 의식의 노화가 이미 상당히 진행되었다고 판단한다. 반대로 50대라도 호기심이 강해 알고 싶은 것이 많고 남의 의견이나 간접 체험이 아닌 자신이 직접 부딪치고 도전하는 데 있어 머뭇거리지 않는 사람이라면 아직 의식의 노화는 진행되지 않은 것이다. 새로운 도전은 검증되지 않은 불확실성이라는 두려움을 직접 경험해 확인하는 과정이다. 막상 시도해 보면 두려움은 아직 발생하지 않은 것에 대한 부풀려진 감정이었음을 알게 되는 경우가 많다. 해 보지 않으면 실행함으로써 얻을 수 있는 결과만 놓치는 것이 아니다. 결과로는 설명할 수 없는 과정 중에 일어나는 많은 것들과 경험을 통해 얻는 자신감을 놓치는 것이다.

핵심인재의 특성, '사부작거리다'

내가 경험한 핵심인재의 특성에는 여러 가지가 있지만 떠오르는 이미지를 동사로 표현한다면 '사부작거리다'이다. 사전에서는 '사부작거리다'를 '별로 힘들이지 않고 계속 가볍게 행동하다'로 정의하고 있다. 핵심인재와 호기심은 분리될 수 없는 관계다. 호기심은 인위적인 노력이 아니라 자발적인 가치다. 그들에게 낯섦과 새로움은 불편한 가치가 아니라 알고 싶은 무언가다. 호기심 발현은 노력이 들어가는 일이 아니기에 그들은 끊임없이 사부작거린다. 호기심이 많으니 알고 싶은 것도, 하고 싶은 것도 많다. 생각과 행동의 사부작거림은 새로운 시도와 실행, 그리고 경험으로 이어진다. 새로운 경험에서 새로운 가치를 터득한다. 낯섦과 새로움을 경험해야 새로운 가치와 깨달음으로 연결되기 때문에 이를 꺼리고 피한다면 자신이 성장하고 확장할 가능성을 스스로 차단하는 것과 같다. 궁금해하지 않고 경험해보지 않으면서 성장하기를 바라는 것 자체가 어불성설이다. 사부작거림은 조직 내에서의 실행으로 연결된다. 어떤 조직이 새로운 걸 시도하려는 직원을 싫어할 수 있을까? 특히나 요즘처럼 변화가 가속화된 시대에는 조직 또한 정답을 알 수 없는 일들이 너무도 많이 벌어진다. 포스트 코로나 시대에는 안정을 취하며 기존에 하던 것만 계속하면 제자리걸음 수준이 아니라 아예 순위권 밖으로 밀려나 버린다. 기업 존폐의 문제다. 새로운 시도로 조직에 활력을 불어넣는 일부 직원의 성공 사례는 조직 전체에 긍정적인 영향을 미친다. 이들은 오히려 하던 것만 하게 하고 지금까지 그래왔던 것이 정답이라는 상사와 조직에 불만을 표출할 것이다.

변화가 일상인 지금의 세상에서는 어느 한 분야에 통달한 전문가보다 전방위적으로 자신의 역량과 가치를 연결할 수 있는 융합형 전문가를 원한다. 그러려면 새로운 것과 낯선 것에 대해 궁금해하고 실행을 통해 다양한 경험을 쌓아야만 한다. 학습, 체험, 경험을 통해 개인에게 체화되는 지식을 '암묵지'라고 한다. 새로운 경험과 체험에서 얻는 변화 유연성과 전체를 파악하는 확장된 사고가 이에 해당한다. 그리고 이렇게 체화된 암묵지는 빠르고 정확한 판단과 문제 해결력의 근간이 되는 직관력을 고도화하는 데 중요한 역할을 한다. 늘 보던 것만 보고 하던 것만 하는 사람에게 새로운 발상을 기대한다는 건 불가능한 일이다. 하지만 끊임없이 사부작거리는 사람은 새로운 시도와 실행 앞에 머뭇거리지 않는다.

직접 해 보지 않으면 모를 것들

무언가 새로운 시도에 앞서 지나치게 신중함을 기하다 보면 도전을 머뭇거리게 된다. 혹시 신중함을 기하는 이유가 새로운 도전에 대한 두려움 때문에 피할 수 있는 적합한 핑계를 찾고 있는 건 아닌지 생각해 보기 바란다. 변화에는 용기가 필요하다. 10번의 새로운 시도에서 중간에 8개를 포기했더라도 2개가 남는다. 그리고 포기한 8개에서도 보완이나 개선책을 고민한다면 이는 완전한 포기가 아니라 값진 경험이자 더 나은 결과로 향하는 과정이 된다. 하지만 지나친 머뭇거림과 새로움에 대한 두려움으로 아무것도 시도하지 못한다면 인생이라는 코스의 출발선에조차 서 보지 못한 채 도태되는 거나 다름없다. 일단 시도해 보고 경험하는 것만으로도 인생에는 많은 것이 남는다. 여러 가지 경우의 수를 따질 시간에 일단 한번 부딪혀라.

호기심이 강한 사람은 궁금하면 일단 해 본다. 해 본 후에 계속할 가치가 있는지 아닌지 판단해도 늦지 않다. 가치가 있다고 생각되면 과정을 견디는 인내심을 발휘하고 그렇지 않다고 생각되면 시간 낭비, 돈 낭비를 하지 않기 위해 재빨리 빠져나오면 된다. 때로는 빠른 포기도 여러 가지 시도를 하는 데 큰 도움이 된다. 자신이 어떤 일에 인내심을 발휘하고 어떤 일에 인내심을 발휘하지 못하는지에 대해서도 알게 된다. 어떤 하나를 어렵게 결정하고 이를 끝까지 해야 한다는 강박이 어쩌면 무언가를 시도조차 못 하는 원인일 수도 있다. **시도 자체를 즐기는 끊임없는 '사부작거림'은 인생에 많은 것을 남긴다. 새로운 걸 시도하는 데 필요한 용기와 결단력, 결과가 불확실한 무언가를 위한 과정 중의 인내, 좋은 결과로 이어졌을 때의 뿌듯한 성취감과 자신감, 새로운 기회로의 연결, 내가 무얼 좋아하고 잘하는지에 대한 확실한 성향 파악과 같은 중요한 가치들을 말이다.**

04 다름과 다양성의 가치

개인 삶의 영역에서는 나와 취향이나 코드가 맞는 이와 좋은 관계 유지가 가능하다. 하지만 조직에서의 관계성은 다르다. 오히려 직무 역량, 리더십, 협업 및 커뮤니케이션 역량, 판단력과 문제해결력 등 많은 요소가 그 사람에 대한 평판으로 이어진다. 어쩌면 개인적으로 만났다면 좋은 관계 유지가 가능했을 사람도 조직에서 만나게 되면 이야기가 달라진다. 직무 역량과 성과는 단지 좋은 사람인 것과는 무관하기 때문이다. 조직은 여러 가지 요소가 복합적으로 작용하는 곳이다. 그리고 대인관계와 커뮤니케이션 역량은 능력을 인정받고 좋은 리더로 성장하기 위한 중요한 요소 중 하나다. 그렇다면 조직에서 필요한 관계의 기술이란 무엇일까? 사람 간 관계에 기술이라는 단어를 붙이는 것 자체가 모순이기는 하지만 조직이 이윤 추구와 성과를 목적으로 하는 본질이 변하지 않는 한 조직에 맞는 관계의 기술은 분명히 필요하다.

나는 호감 가는 사람인가?

가장 기본은 자신에 대한 객관적인 인식이다. 나 스스로 '성장'이라는 단어를 나의 선호가치로 꼽은 출발점이 된 것이 바로 자기 객관화였다. 자기 객관화 과정을 통해 나 자신을 객관적으로 들여다보는 것은 자연스럽게 다른 이에 대한 깊이 있는 호기심과 관찰로 이어졌다. 내가 좋아하는 것, 강점, 에너지를 뺏기는 순간, 취약점, 강화해야 하는 점 등 모든 것이 명확해지자 내가 선호하는 인생의 핵심 가치가 '성장'이라는 단어로 집중되었다. HR 업무가 사람을 떠나 생각할 수 없는 것인 만큼 이 일을 하면서 내가 원래 가지고 있던 강점 중 하나인 사람에 대한 직관이 좀 더 견고해졌다. 자기 객관화는 나라는 개인의 삶뿐 아니라 이처럼 조직이라는 공적인 삶에도 지대한 영향을 미쳤다. 타인에 대한 객관적 이해의 시작은 나에 대한 이해 없이는 불가능하다. 자신을 모르는데 남을 안다고 생각하는 건 모순이다. 관계의 기본은 나 자신을 잘 아는 것에서부터 출발하기 때문이다.

조직 생활을 하다 보면 의외로 자신에 대해 모르는 사람이 많다. 아무리 자기 관대화 경향이 본능이라고 해도 자신의 두드러진 약점을 전혀 인지하지 못한다면 사람들은 나와의 커뮤니케이션을 불편해한다. 만약 리더의 위치라면 조직원들과의 라포Rapport 형성[1]에도 문제가 생긴다. 이론적으로 리더십에 대해 아무리 교육을 받아도 자연스럽게 형성된 라포가 없는 리더십은 영향력이 덜할 수밖에 없다. 직무 역량이나 성과 역량 외에도 나의 말투와 행동 양식, 리더로서의 언행일치 정도, 가치관, 의식 수준, 과감한 결단력과 문제 해결력, 타인의 감정을 인지하는 감수성과 감지성 등 조직 내에서의 존재감 형성에는 여러 가지 요소가 복합적으로 작용한다. 조직 내에서 사람들에게 호감 가는 사람으로 인식되는 건 이처럼 사적인 관계에서의 호감과는 다른 의미다. 이런 여러 가지 요소에 대한 현재 자신의 위치와 평판을 명확하게 인식하지 못한다면 나에 대한 동료, 상사, 부하 직원, 조직의 평가는 언제나 이해 불가의 영역일 수밖에 없다. 문제는 본인만 모른다는 것이다. 본인으로 인해 사람들의 불만이 쌓이고 문제가 발생해도 자기 자신에 대한 객관적인 인식을 하지 못하니 같은 문제가 지속적으로 발생하게 된다.

1 의사소통에서 상대방과 형성되는 친밀감 또는 신뢰 관계로 일반적인 인간관계를 포함해 상담과 치료, 비즈니스 관계의 기본 조건이다.

인풋 대비 아웃풋 없는 코칭 면담 케이스

12년간 사내에서 1:1 코칭 면담을 진행하면서 느낀 점 중 하나는 자신에 대한 객관적인 인식이 부족한 직원은 면담 효과가 거의 없다는 점이다. 그런 직원들과의 면담은 인풋 대비 아웃풋이 없다. 1:1 코칭 면담은 짧으면 1시간, 길면 2시간 넘게 이어지기도 한다. 4~5명만 상담을 진행해도 하루가 훅 지나가 버린다. 에너지를 많이 쏟아야 하는 일이다. 또한 직원들이 여러 가지 고민과 문제를 토로한다면 이에 맞는 해결책까지 고심해야 한다. 내가 가장 신경 썼던 이들은 사원·대리급 직원이었다. 5년 후에 회사의 중심이 되어야 하는 중요한 사람들이기에 이들이 잘 성장할 수 있도록 조력하면서 때로는 멘토 역할까지도 할 수 있는 누군가가 필요하다고 생각했기 때문이다. 오랜 시간에 걸쳐 면담을 진행한 만큼 서로 간에 라포 형성이 되어 있었기에 직원들은 내가 생각하는 것보다 훨씬 더 솔직하게 면담에 임했다. 하지만 나도 사람인지라 즐거운 면담도 있었지만 그렇지 않은 면담도 있었다. 내가 딱히 조언할 것이 없을 정도로 성숙한 생각을 갖춘 직원들과의 면담은 늘 즐거웠다. 이런 직원들에게는 오히려 내가 배운다. 이들과는 면담이 아니라 그냥 좋은 대화를 하는 것에 가까웠다. 반대로 즐겁지 않은 면담은 직원들이 고민거리를 한가득 들고 오는 경우가 아닐까 생각할 테지만 사실은 그렇지 않다. 고민거리가 있다는 건 그래도 문제점을 인식한다는 것이다. 그런 경우 해결책을 찾기 위한 고민에 직원도 적극적으로 참여한다. 개선 의지가 있기 때문이다.

가장 힘든 경우는 자기에 대한 객관적인 인식이 부족한 직원과의 면담이다. 본인의 조직 내 평판과 현재 상황에 대한 객관적 인식이 없거나 이를 넘어 자기 관대화에 빠져 있는 직원의 경우가 앞서 언급한 인풋 대비 아웃풋이 없는 사례에 해당한다. 코칭 면담 제도 도입 후 오랜 시간 동안 이런 직원들의 성장에도 지속적인 에너지를 쏟았다. 하지만 긴 시간이 지나고 내가 느낀 건 결국 기업은 사람을 교화하는 장소가 아니라는 점이다. 자기 자신이 깨닫고 성찰해야 하는 부분이 분명히 있으며 자신을 넘어서는 그 과정은 누가 대신해 줄 수 없다. 자기 객관화 수준이 너무 낮은 사람에게 들이는 시간과 에너지는 결국 낭비라는 걸 인정할 수밖에 없었다. **자기 객관화 수준이 낮은 사람이 타인을 이해하고 상황을 인식하는 감지력과 사고의 유연성을 갖췄을 리 없다. 나를 알고 남을 이해해야 다름과 다양성의 가치를 인식하는 단계에 이를 수 있기 때문이다.** 자기 자신에 대한 객관적인 인식은 조직에서의 관계성과 평판에 있어서의 가장 기본 출발점임을 기억하자.

다름에 대한 이해와 시너지

인터넷 상에 MBTI나 에니어그램과 같은 성격 유형 검사지가 우후죽순으로 돌아다닌다. 상당수가 이론의 근거와 검사의 전문성이 검증되지 않은 채 해석되는 경우가 많다. 그러나 제대로 된 검사가 아닌 약식 검사만으로는 정확한 성격 유형을 알 수 없다. 또한 그런 검사 결과만으로 개인의 성격 유형을 일반화할 수도 없다. 중요한 건 이런 검사를 통한 타인의 성격 유형 정의와 판단이 아니라 나와 타인의 다름을 이해하고 수용하려는 마음가짐이다. '성향이 이렇게 달라서 나랑 맞지 않는구나'가 아니라 나와의 다름을 이해하고 인지함으로써 더 나은 방향의 관계성을 모색하는 도구로 활용해야 한다. 조직에서는 오히려 나의 부족한 부분을 채워 줄 수 있는 사람과 협업할 때 직무 성과가 더 좋은 경우가 많다. 이를 '관계의 시너지'라고 한다. 결국 인간관계에서 갈등이 생기는 원인은 성격의 다름을 이해하지 못하는 데서 비롯된다. 성격 유형별로 저마다 강점 역량이 다르기에 서로 협력해야 시너지를 낼 수 있다. 관계의 기술의 근본적인 출발점은 자기 객관화를 통해 나를 제대로 아는 것, 그리고 나와 다르다고 해서 틀린 게 아니라는 마음가짐을 바탕으로 인간에 대한 이해와 다양성을 받아들이는 것이다. 다양성을 받아들이면 다름에서 오히려 시너지를 끌어내는 기술을 터득하게 된다. 직관력을 고도화하기 위해 반드시 필요한 사고 체계인 자기 객관화의 수준이 낮은 사람은 절대로 조직에서 원하는 셀프 트랜스포메이션형 인재가 될 수 없다. 가장 기본인 나를 모르는 사람이 어떻게 관계에서의 직관력을 갖출 수 있을까? 나를 알아야 상대를 안다!

05 단순화의 가치

"집중과 단순, 이 두 단어는 나의 만트라 중 하나이다. 단순한 것은 언제나 복잡한 것보다 훨씬 어렵다. 생각을 명확하게 정리해서 단순화하려면 굉장한 노력이 필요하다. 하지만 그럴 만한 가치는 충분하다. 일단 그 단계에 도달하게 되면 산도 움직일 정도의 놀라운 힘을 발휘하게 된다."

애플Apple의 CEO였던 스티브 잡스Steve Jobs가 한 말이다. 레오나르도 다 빈치Leonardo da Vinci의 "단순함이란 궁극의 정교함이다"라는 말은 잡스가 지향하는 디자인 철학의 뼈대가 되었다고 한다. 단순히 디자인뿐 아니라 그의 경영 철학에서도 집중과 단순화는 중요한 가치였다. 무언가를 기획하기에 앞서 접근 가능한 정보가 무궁무진한 세상에 산다는 건 오히려 집중력을 떨어트릴 때가 많다. 검색해서 찾아 놓은 정보와 파일은 폴더 안에 꽉 차 있지만 정말 필요한 정보와 그렇지 않은 정보를 골라내는 작업 또한 만만치 않다. 모두 중요한 것 같아 자꾸만 기획은 거창해지고 내용에는 군더더기가 붙는다. 그러다가 어느 순간 '이건 아닌데' 하는 생각이 들면 애초 기획 의도부터 다시 되짚게 된다. 단순한 것은 언제나 복잡한 것보다 훨씬 어렵고 생각을 명확하게 정리해서 단순화하려면 굉장한 노력이 필요하다. 아마존의 14가지 리더십 원칙 중 하나도 바로 단순화에 대한 강조다. '발명하고 단순화해라Invent and simplify'. 어떻게 하면 더 효율적으로 자동화하고 단순화할 수 있을지에 대해 항상 고민해야 한다.

집중과 단순화 과정의 길잡이, 분석 도구

무언가를 단순화한다는 건 그만큼 그 대상에 대한 완전한 이해가 수반될 때만 가능하다. 머릿속에 복잡하게 얽혀 있는 실타래를 경영 전략을 수립할 때 활용하는 다양한 분석 도구처럼 구조화된 프레임에 대입하면 상황이 훨씬 명료해진다. 그 과정을 통해 아이디어 도출부터 결론 도출까지의 시간을 절약할 수 있다. 아마존 성장의 동력이 된 두 개의 선순환 바퀴인 '플라이휠Flywheel' 모델이 이와 같다. 한 번 선순환의 고리를 만들면 수레바퀴는 알아서 굴러간다. 그리고 시간이 지날수록 가속도까지 더해진다. 이처럼 무언가를 도표화, 도식화해서 보이는 형식으로 도구화하는 건 몇백 줄의 글보다 효과적이다. 주의를 분산하지 않고 핵심에 집중하도록 하는 시각화로 인해 그 잔상이 머릿속에 더 오래 남기 때문이다.

집중과 단순화를 위한 의도적 멍 때리기

스마트 기기에 대한 의존이 인간 본연의 직관력을 떨어트리고 집중력 저하를 일으킨다는 생각을 근래 자주 한다. SNS를 일부러 멀리했다가 작년부터 적극적으로 블로그, 브런치, 인스타그램, 링크드인 등 다양한 SNS 플랫폼을 이용하고 있다. 그 과정에서 느끼는 장단점은 너무나도 명확하다. 하지만 기술의 발전은 피할 수 없으며 속도는 더 빨라질 것이다. 사실 지금과 같은 언택트 기조가 필연적인 상황에서 SNS라는 도구가 없었다면 사람들이 느끼는 고립감과 외로움은 훨씬 커졌을 것이라고 생각한다. 이러한 세상이 되고 나니 새삼스럽게 우리나라의 스마트폰 사용률, 이미 활성화되어 있던 온라인 쇼핑이나 배달 앱 등이 얼마나 다행스러운 일인지 새삼 느꼈다. IT 기술이 코로나 방역에도 큰 역할을 했으니 기술 발전에 부정적인 시각이 컸던 사람들조차 이 부분은 인정할 수밖에 없을 것이다. 원하든 원치 않든 세상은 더 많은 기술을 쏟아내고 있고 상용화되는 데까지 걸리는 시간도 점점 짧아질 것이다. 이는 우리가 되돌릴 수 없는 부분이다.

중요한 건 스마트 기기 의존도가 커지는 만큼 무언가 하나에 몰입하는 시간도 점점 줄어든다는 점이다. 이를 알면서도 핸드폰을 손에서 놓기가 힘들다. 오죽하면 노모포비아Nomophobia라는 용어까지 있을까. 노모포비아는 'No Mobile-Phone Phobia'의 줄임말로 스마트폰이 없을 때 초조하거나 불안함을 느끼는 일종의 휴대전화 금단 현상이다. 이제는 단순히 메신저나 정보 검색을 위한 목적만이 아니라 은행 업무, 금융, 엔터테인먼트 등 전 영역에 걸쳐 스마트폰을 사용한다. 현대인에게는 가장 중요한 도구이기에 무조건 사용 시간을 줄이는 것만이 답은 아니다. 하지만 인간의 뇌는 긴장과 이완이 필요하다. 쉴 틈 없이 스마트 기기를 사용하는 것은 뇌에 지속적인 자극을 준다. 무언가를 검색하다 보면 원래의 목적은 잃어버리고 전혀 다른 정보들을 타고 들어가곤 한다. 그러다 문득 깨닫는다. '내가 원래 뭐 찾으려고 했던 거지?' 뇌가 자극에서 벗어나 온전히 휴식할 수 있도록 의도적으로 '멍 때리는' 시간이 필요하다. 계속되는 자극으로 과부하된 상태로는 좋은 아이디어를 떠올리기 어렵다. 업무나 회의 중에는 전혀 떠오르지 않았던 아이디어가 잠자기 직전, 집으로 돌아가는 차 안 혹은 화장실에서 떠올랐던 경험이 대부분 있을 것이다. 우리의 삶은 하루 24시간 중 잠자는 시간을 제외하고는 늘 무언가를 동시에 하고 있다. 회사에서 8시간 동안 직무에 집중하면서도 종종 SNS 계정을 확인하고 동료와의 점심시간에도 시시각각 메신저 알림을 확인한다. 집으로 돌아가는 대중교통 안에서도 스마트폰을 손에서 잠시도 놓지 않는다. 집에 돌아와서도 TV를 켜 놓은 채 식사를 하면서 동시에 한 손으로는 스마트폰을 스캔한다. 우리의 뇌는 잠자기 직전까지 쉴 틈이 거의 없다. 게다가 한 가지만 하는 것이 아니라 나도 모르는 사이 동시에 여러 가지를 하고 있다. 스마트폰으로 인해서 생긴 '무의식적 멀티태스킹'이다. 이런 생활을 오랜 기간 지속하다 보니 집중력이 저하되는 것은 어쩌면 당연한 결과인지도 모른다.

1장에서 말한 것처럼 인간이 AI보다 뛰어난 점 중 하나는 경험에서 나오는 풍부한 창의력과 높은 창조력이다. **집중과 단순화를 위해서는 인간에게 내재된 고유 역량인 창의력이 필요하고 이러한 역량을 고도화하려면 그런 환경을 만들어 주어야 한다. 그러한 환경 조성에 가장 중요한 부분이 우리 뇌가 충분히 휴식할 수 있도록 하는 것이다. 이런 이유로 가끔은 의도적인 멍때리기가 필요하다. 잠자는 시간 외에 늘 시각적 혹은 청각적 자극에 노출되어 있는 우리의 뇌가 온전**

히 쉴 수 있는 시간을 마련해야 한다. 비워야 또 다른 새로움으로 채울 수 있기 때문이다.

06 중요한 건 조직이 당신을 선호하느냐다

'성실' '근면' '주인 의식'이라는 가치가 어쩐지 1990년대스러운 느낌이라면, '열정'이나 '혁신'이라는 가치도 2020년대의 느낌은 아니다. 확 와 닿는다기보다 다소 막연하고 조금은 진부하게 느껴진다. 2020년 한 조사 결과 대학생이 가장 일하고 싶은 기업 1위에 카카오, 2위에 삼성, 3위에 네이버, 4위에 CJ ENM이 꼽혔다. 실제 이 기업들의 비전이나 핵심 가치, 조직 문화를 정의하는 내용에 앞서 언급한 가치들은 포함되어 있지 않다. 하지만 불과 10년 전만 해도 기업 홈페이지에서 흔하게 보이는 표현이었다. 시대가 변화하면서 기업 가치를 담은 문구도 그 시대의 가치를 담은 언어로 다시 재해석되거나 새로운 환경에 맞춰 변화한다. 변화 속도만큼이나 기업의 조직 문화 역시 빠르게 변화하고 있는 것이다. 조직의 리더가 성실과 근면, 책임감 혹은 주인 의식이라는 가치를 강조한다면 요즘 20대가 듣기에는 왠지 꼰대스럽다. 굳이 20대까지 내려가지 않아도 된다. 40대인 나에게도 마찬가지니까. 열정과 혁신이라는 단어도 몇 년 전부터 너무 막연하고 뻔하다는 생각이 들기 시작했다.

기업 우아한형제들이 젊은 층의 주목을 받았던 건 지금까지 본 적 없던 기발한 B급 감성의 광고와 위트 있는 광고 문구였다. '얘네는 뭐지?'라는 생각을 가졌던 건 당시 나도 마찬가지였다. 그 이후 우아한형제들의 기업 홈페이지도 함께 유명해졌다. 돌려 말하거나 '있어 보이게' 포장하지 않은 직설적인 언어 표현이 신선하면서도 마음에 와닿았기 때문일 것이다. 시간의 흐름에 따라 변경된 것이 있으면 내용을 삭제하지 않고 취소선을 그어가면서까지 홈페이지에 남겨두는 것도 의미 있는 방법이다. 그중 '송파구에서 일을 더 잘하는 11가지 방법'은 직접적이면서도 단호한 어조로 인해서 오히려 우리 마음에 와닿는 효과가 더 크다. 첫 번째 줄에 제시된 '9시 1분은 9시가 아니다'에 취소선을 그은 이유는 이미 많은 이가 잘 지키고 있다고 판단해서일 것이다. 자율에는 책임이 따른다. 기본적인 원칙을 중요하게 생각하지 않는 사람은 자율을 논할 자격이 없다. 시간을 엄수하자는 목적은 같아도 어떤 말로 표현하느냐에 따라 메시지가 우리에게 달리 전달된다는 걸 알 수 있다. '책임은 실행한 사람이 아닌 결정한 사람이 진다'라는 문구도 자세히 들여다보면 임파워먼트Empowerment에 대한 이야기다. 부하 직원에게 지시한 일 중에서 무언가 문제가 발생했을 때 슬그머니 뒤로 빠지는 상사들이 있다. 그러나 결과가 좋을 때는 어김없이 자신을 드러낸다. 그런 상사들이 보면 뜨끔할 문장이다. 임파워먼트는 부하 직원에게 판을 깔아 주고 실행에 도움이 되는 적정선의 개입을 통해 가이드라인을 주면서 그 일에 대한 책임은 내가 진다는 마음가짐을 갖는 것을 말한다. 하지만 이런 원론적 내용보다는 '책임은 실행한 사람이 아닌 결정한 사람이 진다'라는 짧은 표현이 훨씬 더 임팩트 있다.

나와 기업 간 조직 적합성

요즘 대학 졸업생들이 선호하는 기업 조건 상위에는 항상 워라밸과 복리후생제도 등이 포함된다. 물론 중요한 가치다. 이를 부인하는 것이 아니다. 하지만 기업은 이윤 추구를 목적으로 하는 이익 집단이다. 워라밸과 복리후생제도는 그 뒤에 따르는 부수적인 것이다. 성과를 통해 조직 성장에 기여하는 구성원을 위해서 기업이 마련하는 제도다. 카카오 자사 홈페이지의 카카오 문화 소개란을 보면 '카카오스러움'이 무엇이지에 대해 다음 5가지로 설명하고 있다.

- 가보지 않은 길을 두려워하지 않습니다.
- 무엇이든 본질만 남기고 처음부터 다시 생각해 봅니다.
- 나보다 동료의 생각이 더 옳을 수 있다는 믿음을 가집니다.
- 스스로 몰입하고 주도적으로 일합니다.
- 세상을 선하게 바꾸려고 노력합니다.

내용을 정리해 보면 실패 위험이나 도전을 두려워하지 않는 혁신성, 익숙함이 아닌 문제 제기를 통한 새로운 가치 창출, 개인의 완벽함에 기대기보다는 동료와의 협업을 통한 더 나은 해결책 모색, 무언가에 끌려다니는 수동적인 존재가 아니라 스스로 행동을 이끌어 내는 자기 주도성, 더 나은 세상을 만들기 위한 기업으로서의 책임감을 강조하고 있음을 알 수 있다. 그렇다면 지원자가 카카오에 입사하기 위해서 가장 먼저 살펴야 할 부분은 해당 조직의 워라밸이나 복리후생이 아니라 내가 과연 '카카오스러움'을 갖춘 인재인지에 대한 자문이다. **기업이 관심 있어 하는 건 당신이 우리 회사의 인재상에 맞는 사람인지와 입사 후 회사의 성과와 수준을 높이는 데 얼마만큼 기여 가능한 사람인지다. 나와 조직 적합성은 직무 적합성만큼이나 중요한 것임을 알아야 한다.** 기업이 강조하는 문화나 비전, 인재상은 홈페이지에 걸어 놓는 장식이 아니다. 내가 기업을 선호하는 이유 이전에 스스로 내가 이런 인재상에 부합하는가에 대한 고민이 먼저라는 걸 기억하기 바란다.

07 신입 사원의 평판은 사소한 곳에서 갈린다

오랜 기간 조직 생활을 하면서 내가 경험한 핵심인재에 속하는 직원들은 모두 하나같이 호기심이 강했다. 이전부터 조직이 해 왔던 방식이 아닌 좀 더 효율적인 방식에 대한 고민을, 불평불만이 아닌 내 선에서 할 수 있는 개선과 대안에 관한 고민을, 늘 하던 것이 아닌 아무도 해 보지 않은 영역으로의 확장에 대한 고민을 하는 사람들이었다. 누군가 나에게 기대치를 갖게 만드는 건 남이 해 주는 것이 아니라 내가 그렇게 만드는 것이다. 경력과 관계없이 기대치가 생기는 직원이 있고 그렇지 않은 직원이 있다. 이건 신입이라도 예외가 아니다. 특히 신입 사원이야말로 조직에서의 모두 상황이 처음인 사람들이므로 오히려 처음 경험하는 상황에서의 위기 대응력, 직관력, 센스, 커뮤니케이션, 조직 사회화 정도를 파악하기 가장 좋은 대상이다. 신입 사원 스스로 '신입이 모르는 것은 당연한 거 아니야?'라는 아마추어적인 생각을 한다면 그 사람의 시작점은 딱 거기서부터다. 기대치를 갖게 하는 직원들은 남들이 안정성이라 부르는 가치에서 오히려 지루함과 불안함을 느낀다. 이 모든 것의 출발은 호기심이다. 애초에 호기심이 발동하지 않는 사람은 개선과 대안보다는 그냥 늘 했던 대로 적당히 묻어가려 하며 새로운 영역으로의 도전은 위험부담을 초래하는 번거로운 일이라 생각한다. 하지만 호기심에서 출발하는 그 작은 차이가 결국 5년 후, 10년 후에 남들과는 차별화된 경쟁력으로 나타난다. **새로운 시도는 언제나 불확실성과 두려움을 동반하지만 몇 번의 시도에서 쌓은 경험이 축적되면 불확실성과 두려움도 과정의 하나로 인지하는 내성이 생긴다. 남들이 해 보지 않은 일을 하고, 가 보지 않은 길을 간다는 건 어려운 일이지만 그래서 더욱 가치 있는 일이라는 걸 그들은 알고 있다.**

가장 쉽게 평판을 관리하는 방법은 밝은 표정과 인사다

밝은 표정과 인사는 아무리 강조해도 지나치지 않은 기본이다. 하지만 의외로 신입 사원이 쉽게 간과하는 부분이기도 하다. 밝은 표정과 인사는 노력이나 기술이 따로 필요하지 않으면서도 가장 쉽게 자신을 알리는 일이다. 사실 신입이든 윗사람이든 직급과 관계없이 먼저 상대방을 발견한 사람이 인사하면 그만이다. 하지만 신입은 이미 조직에서 자리 잡은 경력자와 달리 입사한 지 얼마 안 되었기 때문에 성과나 그 외 직무 능력으로 나에게 기대치를 갖게 하는 것이 불가능하다. 이런 이유로 밝은 표정과 인사성은 입사 초기에 할 수 있는 가장 쉬우면서도 기본인 평판 관리 방법이다. 조직은 나에 대해 잘 모른다. 나를 잘 모르는 사람들에게 불필요한 오해를 받을 필요는 없다. 신입사원에게 이런 질문을 받은 적이 있다. "5분 전에 복도에서 인사했는데 다시 마주치면 또 인사를 해야 하나요?" 당시 난 '5분 전에 했더라도 다시 마주치면 가벼운 목례는 하는 게 좋지 않을까요?'라고 웃으며 대답했지만 이런 질문도 하는구나 싶어 놀랐었다.

조직은 기본을 가르치는 곳이 아니다

일찍 출근하는 것과 성실함이 반드시 비례하지는 않는다. 하지만 일찍 출근하는 건 성실함의 한 부분일 수는 있다. 항상 늦는 사람은 정해져 있다. 어쩌다 늦는 사람이라면 이유가 궁금하지만 자주 늦는 사람에게는 이미 지각 프레임이 씌워져 있기에 더 이상 이유는 중요하지 않다. 조직은 굳이 말할 필요도 없는 기본에 대해 강조할 만큼 한가한 곳이 아니다. 만약 습관적인 지각을 고치는 것이 불가능하다면 융통성 없는 조직의 문화를 탓하지 말고 탄력 근무제를 도입한 유연한 조직으로 이직하면 된다. 하지만 단지 이런 이유로 이직을 고민하는 사람은 없을 것이다. 그럼 남은 한 가지는 기본 원칙을 따르는 것이다. 조직은 일일이 개인별 맞춤형 원칙을 제공하지 않는다. 정해진 원칙에 따라야 하는 건 조직 구성원이고 이 원칙은 모두에게 동일하게 적용된다. 하지만 이 간단한 걸 의외로 하지 못하는 소수의 직원이 있다. 밝은 표정과 인사성처럼 기본적인 시간 약속을 잘 지키는 것 또한 나의 평판 관리다. 사소해 보이지만 이를 잘 지키지 못했을 때 크게 두드러지는 부분이다. 자기 주도성에는 책임이 따른다. 지인이 매일 5분, 10분 지각하는 부서원에게 "앞으로 5분, 10분 늦을 것 같으면 아예 30분 지나서 사무실에 들어와라"라고 했다고 한다. 그러자 부서원의 습관적 지각이 멈췄다고 한다. 30분 늦을 용기는 없었던 것이다. 하지만 시간 약속을 잘 지키는 사람에게는 5분이나 30분이나 똑같다. 1분을 늦었어도 결국 시간을 지키지 못한 결과는 동일하기 때문이다.

08 조직 맞춤형 멀티 페르소나를 꺼내라

한 매체에서 직장인을 대상으로 실시한 '점심을 누구와 먹는가'에 대한 설문에서 23.6퍼센트가 '혼자'라고 답했고 그 이유에 대한 질문에는 51.1퍼센트가 '혼자 먹는 게 편해서'라고 응답했다. 지금이야 상황상 '언택트 혼밥시대'이긴 하지만 해당 설문이 실시된 시기가 2019년 6월임을 고려하면 이미 직장인 혼밥은 직장 문화의 단면이라고 볼 수 있다. '멀티 페르소나Multi-Persona'라는 용어가 있다. '다중적 자아'라는 뜻으로 개인이 상황에 맞게 다른 사람으로 변신하여 다양한 정체성을 표현하는 것을 말한다. 조직이란 나의 본래 페르소나를 일관성 있게 유지하는 곳이 아니라 조직 맞춤형 페르소나를 꺼내야 하는 곳이다. '이게 원래 나야'를 외치는 곳이 아니라 자신의 역량을 다각도로 향상시켜 성과를 창출해야 하는 곳이기 때문이다. 어차피 점심시간은 근로계약서에서 명시하는 개인 휴게시간이다. 오후 시간을 좀 더 활력 있게 보내기 위해 에너지를 충전하기 위한 목적이라면 상관없다. 하지만 관계 자체에서 오는 피로감 때문에 무조건적으로 피하는 거라면 문제가 될 수도 있다.

조직은 나의 선호도로 움직이는 곳이 아니다

나와 코드가 맞는 편한 사람을 상대하는 일보다 그렇지 않은 사람을 상대할 일이 더 많은 곳이 조직이다. 조직에서의 관계는 나의 선택사항이 아니다. 때로는 내가 주로 맞추고 설득해야 할 거래처나 클라이언트를 상대할 일이 더 많은 곳이다. 만약 불편한 관계를 극복할 의지가 없고 그런 관계에서 오는 스트레스가 무의미하다고 느낀다면 과감히 다른 선택을 하는 것이 자신과 조직 모두에 바람직하다. 다행히 요즘 세상은 그런 대인관계 역량 없이도 성공할 수 있는 삶의 다양한 방식이 존재한다. 내가 가진 기술과 재능을 맘껏 드러낼 수 있는 플랫폼도 얼마든지 있으니 새로운 삶의 방식을 선택할 용기와 혼자 해 나갈 자기 주도성만 있으면 된다. 하지만 자유로운 디지털 노마드의 삶이나 새로운 스타트업에 대한 도전은 그야말로 야생에 뛰어드는 거나 다름없다. 셀프 트랜스포메이션 역량이 뛰어난 사람만이 버틸 수 있는 선택일지 모른다. 모든 선택에는 플러스와 마이너스가 존재한다. 만약 당신의 선택이 조직이라는 최소한의 안전망이라면 조직에 맞춰 자신의 부족한 역량을 채우는 노력을 해야 하는 건 당연한 일이다.

조직에서의 언어 감각은 대인관계 역량을 포함한다

뛰어난 언어 감각은 조직에서 역량 있는 인재로 평가받는 데 중요한 요소 중 하나다. 언어 감각은 단순히 화술이 좋은 걸 의미하는 것이 아니다. 조직에서는 나 중심이 아닌 상대방 중심의 단순하고 명확한 의사 전달 기술이 중요하다. 상대방 중심의 의사 전달을 위해서는 먼저 상대를 알아야 한다. 나와 코드가 맞는 동료하고만 어울린다면 조직 내에서 업무로 엮인 사람들을 알 기회가 줄어든다. 핵심인재의 경쟁력인 탁월한 언어 감각을 키울 가능성도 점점 멀어지는 것이다. 경력이 길지 않은 직원 몇몇이 직무는 마음에 드는데 인간관계가 피곤하다는 이야기를 한 적이 있다. 나는 그들에게 자신의 직무 관련 역량만으로 어느 정도 묻어갈 수 있는 건 길어야 대리 1년 차까지라고 말해 주었다. 인간에 대한 기본적인 이해 없이는 나 자신은 물론이고 남을 아는 건 더더욱 불가능하다. 상대를 알려고 노력하지 않는데 어떻게 상대 중심의 효과적인 의사 전달을 할 수 있을까?

경력이 쌓이고 직급이 올라갈수록 내가 상대하는 사람의 직급도 함께 올라간다. 나는 30대 초반 이후 직속 상사가 대표이사들이었다. 그분들의 성향이 모두 달랐기 때문에 바로 핵심으로 들어가 결론을 이야기하고 결정사항을 보고하는 커뮤니케이션 방식이 효과적인 경우도 있었고, 대략적인 상황을 기승전결로 전달해야 더 효과적인 경우도 있었다. 내가 일단 결정을 내리고 그 결정에 대한 설득력 있는 설명을 부연할 것인지, 두 가지 정도의 옵션을 두고 상대방 의사를 물을 것인지 상대와 상황에 따라 커뮤니케이션 방식을 달리해야 한다. 상대방에 관계없이 내가 하던 방식대로만 커뮤니케이션 하는 건 '나 중심' 대화법이다. 보고에 5분이면 충분한 상사도 있고, 30분 이상이 필요한 상사도 있다. 상황과 상대방에 맞춰 커뮤니케이션을 하는 것이 효과적인 커뮤니케이션 역량이다. 특히나 사원 입장에서의 조직은 내가 맞출 사람들이 훨씬 더 많은 장소다. 보고나 승인 과정 혹은 부서간 미팅이나 협의 시 어떤 커뮤니케이션 방식이 가장 효과적인지 알려면 우선 상대에 대해 알아야 한다. 하루 8시간 동안 자리만 지키는 방식으로는 바로 내 옆 팀원들 외에는 알 방법이 없다. **사내 네트워킹은 친한 사람들이 아닌 내가 잘 알지 못하는 사람들과 커뮤니케이션 기회를 늘리는 것이다. 낯섦과 다름의 가치를 통해 성장하려면 익숙**

함이나 편안함에서 벗어나려는 노력이 선행되어야 한다. 만약 직속 상사가 타 부서 혹은 거래처와의 미팅 참석 의사를 당신에게 묻는다면 그건 피해야 하는 일이 아니라 커뮤니케이션을 배울 수 있는 좋은 기회라는 걸 기억하기 바란다.

조직 언어 습득을 위한 관계에서의 직관력

내가 하던 방식대로 해도 되는 커뮤니케이션은 나를 개인적으로 잘 아는 사람들하고만이다. 조직에서는 조직의 언어를 배워야 한다. 그러려면 적어도 조직 내 나의 업무와 직간접적으로 연결된 사람들에 대해서는 어느 정도 파악해 두어야 한다. 관계에서 오는 피로감을 회피하려는 나의 선택이 일의 언어를 배울 기회를 스스로 버리는 건 아닌지 고민해 보아야 한다. 2장에서 셀프 트랜스포메이션 역량과 직관력의 연관성을 설명하며 직관력은 상황에 대한 직관뿐 아니라 관계에 대한 직관도 포함된다고 설명했다. 특히나 조직은 한 가지 현상에 대해 보이지 않는 여러 이해관계자의 역학 관계가 맞물리는 곳이다. 관계의 중심에서 직접 경험을 쌓아 본 적 없는 사람이 어떻게 관계에 대한 직관력을 키울 수 있을까?

경력이 쌓일수록 상사에게 보고하고 타 부서와 협업을 진행하며 거래처 혹은 클라이언트를 설득해야 하는 상황은 점점 늘어난다. 관계를 차단하는 노력이 아니라 관계를 극복하는 노력을 기울여야 하는 가장 중요한 시기가 신입 사원으로 입사하는 순간부터 사원 말년 차까지다. 관계 역량은 초반에 다지지 않으면 힘들다. 조직은 혼자 똑똑한 사람이 아니라 조직을 똑똑하게 만들 사람을 원한다. 나의 선택으로 인해 놓치고 있는 건 무엇인지 볼 줄 아는 능력을 키워야 한다. 당장 나에게 편한 선택이 아니라 장기적으로 나에게 편할 선택이 무엇인지 고민해야 한다. 시간이 지나 개인주의 성향이 강해질수록 오히려 커뮤니케이션 역량과 대인관계 역량을 갖춘 직원의 가치가 높아질 것이다. **공채가 점점 사라지고 있는 현 상황에서 어쩌면 취업을 위한 스펙 쌓기보다 관계에서의 직관력과 상대방 중심의 의사 전달 역량은 가장 강력한 무기가 될 수 있다. 이 가치를 가진 사람이 점점 희소해지고 있기 때문이다. 발상의 전환이 필요한 때다.**

09 남 탓, 환경 탓은 이제 그만

'이건 무조건 될 거야'라는 생각으로 100퍼센트 올인했는데 성과나 결과가 좋지 않으면 '왜 안 됐을까?' 하고 궁금증이 먼저 생긴다. 실패란 내가 실패로 인정할 때 비로소 성립된다. 다른 방향의 전략과 대안을 다시 고민한다면 그건 실패가 아니라 여전히 과정의 단계인 것이다. 하지만 처음부터 의심하면서 시작했던 일이 실패로 끝나면 포기가 굉장히 빠르다. '처음부터 그럴 줄 알았어' '어쩐지 느낌이 그렇더라니까'라는 말로 자기 합리화를 하게 된다. 처음부터 그럴 줄 알고 시작한 일에 100퍼센트 올인하는 사람이 있을까? 어차피 되지 않을 일이라고 애초부터 한 발만 담그고 시작했으니 당연히 그런 결과가 나온 거다.

결과를 두고 과정 중의 어려웠던 점에서 오히려 긍정적인 면을 보는 사람이 있고, 결과에 맞춰 다른 사람이나 자신이 처한 환경 탓으로 돌리는 사람이 있다. 후자에 속하는 이들은 늘 말과 핑계가 많다. 그리고 결과를 인정하지 않는다. 자신이 발을 담갔던 과정은 생략하고 탓할 대상만 남긴다. 수치로 증명되는 성과 앞에서도 더 나은 대안이나 개선책이 아닌 이렇게 될 수밖에 없었던 원인만을 찾기 바쁘다. 그래서 늘 불만으로 가득 차 있다. 단지 운이 없었던 자신의 상황과 운이 좋았던 타인의 결과를 비교하며 불공정함에 대해 목소리를 높인다. 이는 그럴 만한 상황에서만 성과를 낼 수 있는 사람이라는 걸 오히려 스스로 증명하고 있는 것이다. 큰 금액의 물량이 보장되는 좋은 바이어를 만나야만, 조직 내에서 누구나 부러워하는 멋진 리더를 만나야만, 혹은 시장 상황이 너무 좋아 큰 노력을 기울이지 않아도 매출이 나오는 상황을 만나야만 제 역할을 하는 사람이라고 자기 스스로 자신의 가치를 정의한다는 걸 본인만 모른다. 그런 사람에게 조직은 무슨 기대를 할 수 있을까? 그럴 만한 상황에서 성과를 내는 건 실무 역량이 한참 떨어지지 않는 한 누구나 할 수 있다. 그렇지 않은 상황에서 성과를 내야 그게 진짜 실력이다. 기업은 어떤 상황에서건 조직 성장에 기여할 수 있는 조직 구성원을 원한다.

매출 숫자가 오히려 동기부여가 됩니다

세일즈 마케팅 부서에 배치되었던 한 직원에게 깊은 인상을 받은 적이 있다. 세일즈 마케팅 부서의 경우 남성 직원만 채용하려고 한 적이 없었음에도 불구하고 유독 여성 지원자가 많지 않았다. 그런데 자발적으로 세일즈 마케팅 부서를 원했던 여성 신입 사원이 있었다. 입사한 지 얼마 안 된 시점에 조직에서 처음 하는 MD 사업 관련 업무를 그 직원이 맡게 되었다. 당시 나는 회사에 꽤 일찍 출근하는 편이었는데 그 직원이 나보다도 더 일찍 출근해서 무언가 열심히 출력하는 모습을 종종 마주치곤 했다. 마침 사원 면담 기간이기도 했기에 면담 때 매일 오전마다 뭘 출력하는 거냐고 물었다. 그러자 본인은 출근하면 항상 전날 매출자료를 뽑아 본다고 대답했다. 입사하자마자 새로운 사업에 투입된 건데 부담스럽지는 않냐고 물었다. 새로 하는 사업인 데다가 부서장이 도와준다고 해도 결국 주도적으로 실무를 맡아야 하는 상황이었기 때문이다. 그러자 그 직원은 “그래서 더 동기부여가 됩니다”라고 대답했다. 아침마다 매출자료를 뽑는 이유도 수치를 보면 이번 달에 채워야 할 매출 목표가 더 명확해지고 그게 오히려 자극 요소가 된다고 했다. 그 이유는 본인이 전담하는 것에서 오는 책임감이 더해지기 때문이라고 했다. 대답을 듣자 신입 사원이지만 내가 신경 쓰지 않아도 알아서 잘 적응하겠구나 하는 생각이 들었고 그 예상은 적중했다.

아무런 신경이 쓰이지 않는 직원들이 있다. 신경이 쓰이지 않는 직원이란 두 종류다. 정말 잘하고 있거나, 진짜 포기했거나. 전자와 후자 모두 경우의 수가 그리 많지는 않았다. 입사한 지 얼마 안 된 사원의 경우 아무리 잘한다 해도 당연히 신경이 쓰이기 마련이다. 후자처럼 정말 포기했다는 건 결국 채용에 실패했음을 자인하는 것이다. 이런 경우에는 HR 부서를 총괄했던 나의 책임도 있으므로 쉽게 포기를 인정하는 것 또한 어려웠다. 그래서 사원·대리급 직원은 언제나 나의 레이더망에 들어와 있었고 늘 적정선의 관심을 유지할 수밖에 없었다. 그런데도 신입 때부터 중간매니저가 될 때까지 꾸준히 신경을 쓸 필요 없는 소수의 직원이 분명히 있었다. 사실 그런 직원은 어디에서 근무하더라도 자신의 역량을 발휘한다. **이런 직원의 공통점은 어차피 변하지 않을 상황이나 좋은 리더와 동료를 만나지 못한 탓, 타 부서와 거래처의 비협조, 좋지 않은 시장 상황으로 탓을 돌리지 않는다. 본질에 집중하고 개선할 점을 찾는다. 문제를 인식할 때 현재의 객관적인 사실 관계와 '나'에서 출발하며, 외부와 '남'에서 탓할 거리를 찾지 않는다는 공통점을 가지고 있다.**

보고 싶은 것만 보고 듣고 싶은 것만 듣다

처음부터 결과가 보장되는 완벽한 계획이란 이 세상에 없다. 일단 실행한 후 과정 중에 보완하고 더 좋은 대안을 내놓으면서 완성되어 가는 경우가 더 많다. 애초부터 실현 가능성이 적다고 생각했더라도 결과가 도출되기 직전까지 초반의 부족한 부분을 바로잡을 시간과 과정은 분명히 있다. 적극적으로 참여하지 않았던 과정 중의 나를 잊은 채 결과만으로 책임을 외부로 돌리지 말자. '선택적 지각'이란 '외부 정보를 객관적으로 받아들이지 않고 자신의 기존 인지 체계와 일치하거나 자신에게 유리한 것을 선택하여 지각하는 일'이라는 의미다. 쉬운 말로 내가 보고 싶은 것만 보고 듣고 싶은 것만 듣는다는 뜻이다. 이런 현상은 삶의 태도에서도 나타난다. 살다 보면 누구나 좋은 일과 나쁜 일을 경험하지만 이는 운이 좋고 안 좋고의 문제라거나 객관적 사실 때문이 아니라 자신의 태도나 성향 때문인 경우가 많다. 사람마다 같은 상황에서 같은 반응을 보이지 않는 이유이기도 하다. 내가 추진하던 프로젝트가 좋은 결과로 귀결되지 못했다고 하더라도 남탓과 환경 탓을 하기 전에 왜 이런 결과가 나온 건지에 대한 근본적인 이유가 궁금한 사람은 또 다른 대안과 경우의 수를 생각한다. '이게 되겠어'라고 의심하며 한 발만 담갔는데도 결과가 좋았다면 그거야말로 운이다. 이런 경우 내가 잘나서가 아니라 같이 협력한 사람들의 덕분이거나 단지 외부 시장 상황이 좋았기 때문일 수 있다는 의심을 먼저 해야 한다.

오히려 잘됐을 때 외부 탓, 환경 탓은 아닌지 의심해라

실제 비즈니스 세계에서는 조직 구성원들이 잘해서라기보다는 뜻밖의 행운 혹은 시장 상황이 전반적으로 호황기라 성과가 따라오는 경우가 있다. 그런 시기에는 내가 속한 조직뿐 아니라 같은 산업군 내 다른 경쟁 기업들 또한 좋은 성과를 올린다. 인풋 대비 아웃풋이 좋은 경우다. 다른 경쟁 기업이 모두 적자였는데 특정 기업만 높은 성과를 창출했다거나 환경의 변화나 소비자 욕구를 정확히 예측해 실행한 전략과 마케팅이 성공을 거두었다면 그건 전략적인 성공이지만, 단지 시장 상황에 묻어간 호황이거나 뜻밖의 변수로 인한 행운이라면 냉정해질 필요가 있다. 만약 후자라면 오히려 위기의식을 느껴야 한다. 운에 취해 있기에는 단지 시기를 잘 만난 덕을 본 것이기 때문이다. 좋았던 시장 상황은 언제든지 변할 수 있는 유동적인 요소다. 현재 코로나 특수를 누리며 매출이 상승하고 있는 기업들도 기업의 전략과 판단이 옳았기 때문만이라고 보기는 어렵다. 코로나19 상황을 한 해 전에 예측하고 2020년에 매출이 이만큼 상승할 것이라고 예상했던 기업은 없었을 테니까 말이다. 우리가 바꿀 수 있는 건 빠르게 변화하는 외부환경이 아니라 그 변화에 맞춰 우리가 무얼 해야 하는가다. 그런 의미로 외부 탓이 아닌 대처를 하지 못한 나의 탓을 먼저 점검하는 것이 맞는 순서다. 자기 객관화를 할 줄 알아야 상황을 객관적으로 바라보는 것이 가능하다. 책임을 외부로 돌리는 것은 가장 쉬운 자기 변명이다. 변화가 일상인 세상에 사는 우리는 그런 가능성까지 예측해야 한다. 만약 예측에 실패했다면 재빨리 실패를 자인하고 다음 단계로 나아가야 그나마 빠르게 만회할 수 있다.

실패란 본인이 인정할 때만 실패가 된다

실패라는 건 본인이 실패라고 인정을 해야 실패가 되는 것이다. 좋지 않은 결과로 이어졌다고 하더라도 그 과정에서 왜 실패했는지 분석하고 개선할 부분을 찾는다면 미래를 위한 과정일 뿐 완전한 실패라고 할 수는 없다. 언젠가 다시 성공할 개발의 여지가 있는 미완의 과정 중에 있는 것이다. 결과가 좋지 않았을 때 꺼내게 되는 '그거 봐, 내가 처음부터 안 될 거라고 했잖아'라는 말은 만약 결과가 좋았다면 그대로 묻혀 있을 잠재의식 속 변명 거리다. 잠재의식 속의 생각이 행동을 지배하게 두지 말고 스스로 결과와 환경까지 통제하는 유연성과 역량을 쌓는 데 집중해야 한다. 실패의 책임을 외부로 돌리면 잠깐은 마음이 편안할지도 모른다. 그러나 이는 결과가 나오기까지 내가 들인 노력과 열정까지 모두 부정하는 것이다. 좋은 결과든 나쁜 결과든 그 과정에는 나의 지분도 분명히 포함되어 있다.

10 ‘덕업일치’의 힘, 잡 크래프팅

‘열심히 하는 사람은 잘하는 사람을 이길 수 없고 잘하는 사람은 즐기는 사람을 이길 수 없다’라는 말이 있다. 즐기면서 한다는 건 굳이 ‘열심히’라는 의도 없이도 몰입이 저절로 따라온다. 사전에서는 ‘노력’을 ‘목적을 이루기 위하여 몸과 마음을 다하여 애를 씀’이라고 정의한다. 무언가를 이루려고 몸과 마음을 다해 힘을 기울인다는 건 의도성과 결심이 내포되어 있다. 하지만 즐긴다는 건 내가 좋아해야만 가능하다. 무언가를 좋아한다는 건 내가 좋아하려는 의도나 노력이 아닌 개인의 자발성이다. 그렇다면 좋아하면 잘하게 되는 걸까? 그렇지는 않다. 좋아한다는 건 나의 자발적인 선호도이고 조직에서 무언가를 잘한다는 건 나의 적성, 소질, 역량 등을 포함하기 때문이다.

내가 근무했던 글로벌 음악 회사의 경우 학창시절부터 음악을 좋아하던 지원자들이 마케팅 부서에 지원하는 경우가 많았다. 팝 음악에 관심이 많은 지원자는 팝 마케팅 부서에, 클래식과 재즈 음악을 좋아하는 지원자는 클래식&재즈 마케팅 부서에, 가요를 좋아하는 지원자는 가요 부서에 지원했다. 하지만 해당 장르 음악을 좋아하는 것과 직무로서 마케팅을 잘하는 것은 별개의 문제다. 특히나 조직에서는 직무 적합성이 높은 사람이 그 직무를 좋아할 때 가장 바람직한 결과가 도출된다. 마케팅 플랜을 진행하는 기획력과 창의력, 음악 시장과 고객층에 대한 분석력, 현재 트렌드에 대한 이해, 경쟁사 분석, 거시환경 분석, 새로운 마케팅 기법 연구, 마케팅 효율 분석 등 마케터로서의 직무 적합성이 더 중요하다. 직무 적합성이 맞는데 좋아하기까지 한다면 성과는 저절로 따라올 수밖에 없다. 자신의 직무에 자발적으로 의미를 부여하기 때문이다. 이와 유사한 개념이 바로 '잡 크래프팅 Job Crafting'이다.

자발성과 몰입력, 잡 크래프팅

잡 크래프팅은 '조직 구성원이 자신의 직무 기술서상에 명시된 업무 범위에 한정하지 않고 각자 능동적으로 스스로의 업무 범위와 관계에 변화를 주어 업무에 관한 인지를 전환하는 것'을 의미한다. 직무를 크래프팅한다는 건 결국 직무를 공예품을 만드는 것과 같이 스스로 공을 들인다는 뜻으로 해석할 수 있다. 주도적 성향이 높을수록 잡 크래프팅 정도가 높은데 이런 성향의 조직원은 자신의 상황과 능력에 직무 요구와 자원을 맞춰 스스로 직무 환경을 만드는 능동적 성향을 보인다. 직무를 통한 동기부여 중 조직 구성원이 스스로 능동성을 부여하는 개인 특성 중 하나가 바로 잡 크래프팅이다. 요즘 흔하게 사용되는 단어 중 '덕후[1]'라는 표현이 있다. 근래는 어떤 분야에 몰두해 전문가 이상의 열정과 흥미를 갖고 있는 사람이라는 긍정적인 의미로 사용되고 있다. 앞서 언급한 좋아하는 일을 잘 하는 사람이란 결국 자신의 직무에 스스로 의미를 부여하는 능동적인 성향인 잡 크래프팅 정도가 높은 사람이라고 볼 수 있다. 쉬운 말로 바꾸면 자신의 직무에 덕후 기질을 발휘하는 '덕업일치'를 실현한 사람이라고 할 수 있다. '덕업일치'란 개인의 자발적인 직무 선호도만이 아닌 적성, 소질, 역량 등을 포함한 직무 적합성까지 일치할 때 비로소 완전해진다.

1 일본어 '오타쿠'를 한국식으로 발음한 '오덕후'의 줄임말로, 현재는 어떤 분야에 몰두해 전문가 이상의 열정과 흥미를 가지고 있는 사람이라는 긍정적인 의미로 사용된다.

덕업이 일치할 때 생기는 일

글로벌 음악 회사 근무 당시 내가 HR 업무에 열정을 쏟고 몰입했던 건 새로운 대표님이 부임하신 이후부터였다. 대표님 부임 후 1년 이내에 조직 문화가 많이 변화했다. 대표님이 가장 강조했던 게 임파워먼트와 조직의 한 방향 정렬이었다. 내가 HR 업무에 의욕적으로 달려들어 일을 벌이기 시작한 것도 그때부터다. '인사가 만사다'라고 생각하는 대표님 덕분에 조직 내 HR의 중요성이 증대되었다. 1:1 코칭 면담 문화 정착, 평가 제도 개선, 사내 교육 프로그램 운영, 인사채용 제도 개선, 온보딩Onboarding 프로그램 확립 등 HR 전반에 걸친 변화를 이끌어냈다. HR 권한을 위임받은 그 순간부터 조직 문화와 체질 개선을 위해 할 수 있는 일이 무엇인지 끊임없이 생각하고 실행했다. 계속되는 야근이 싫지 않았던 이유는 그 과정 자체가 역량 개발이었기 때문이었다. 나에게 회사는 단지 경제적 수단이 아니라 역량 개발을 하는 장소였다. 직무에 스스로 의미를 부여하는 자발성과 능동성이 가장 큰 원동력이었다. 지금 생각해 보면 어린 시절부터 덕후 기질이 농후했던 나는 당시에 HR 업무 자체를 덕질했던 것 같다. 좋아하는 일이 나의 업이고 역량까지 갖췄다면 성과는 저절로 따라온다. 이런 경우 직무 기술서에 명시된 담당자로서 해야 할 일은 더 이상 중요하지 않다. 자신의 직무 자체가 의미 있는 사람은 직무 기술서에 명시된 것

이상의 영역으로 자신을 확장하고 조직에서 요구하는 것 이상의 무언가를 끊임없이 시도한다. 아직 개발되지 않았거나 시도하지 않은 영역이 계속해서 눈에 들어오기 때문이다.

불안정성의 시대, 잘하는 걸 즐겨야 하는 이유

누군가 시켜서 하는 건 가장 수동적인 하위 단계다. 나의 직무에서 요구하는 역할에 충실한 건 어찌 보면 평균 이상의 단계일 수도 있다. 현재 관점에서 본다면 말이다. 하지만 시기의 불안정성에 더해 급속한 변화까지 예측되는 시기라면 이것만으로 미래의 안정성이 보장되지는 않는다. 코로나19 이후 당장 어떤 직무와 어떤 조직이 사라질지 모르는 상황이라면 안정된 미래를 위해서라도 나의 직무를 확장하여 다른 영역과의 교집합을 만들어야 한다. 직무 확장 관점에서 볼 때 잡크래프팅 수준이 높은 사람은 유리한 위치를 선점하는 것이 가능하다. 직무 기술서에 명시된 업무 범위에 한정하지 않고 자발적으로 자신의 영역을 확장하는 사람이기 때문이다. 직무 확장을 통해 조금씩 형성된 직무간 교집합은 미래 언젠가 나에게 또 다른 기회와 먹거리를 제공할 수 있다. 인간은 항상 현재 발 등에 떨어진 불을 끄기 바쁘다. 그렇게 성장한 사람은 직급이 올라도 크게 변하지 않는다. 그래서 굳어진 습관이 무서운 법이다. 미래 관점에서 현재를 바라보아야 한다. 그래야 나의 현재 직무를 확장하는 것이 시간 낭비가 아닌 미래를 위한 플랜B라는 사실을 깨닫게 된다. 명예퇴직을 하는 나이가 점점 빨라지고 있다. 요즘 시대는 40대 이후에도 다른 경쟁력을 쌓지 못한 채 한 직무에 오랜 기간 머문 사람들의 근면성을 크게 인정해 주지 않는다. 직무 확장이라는 건 몇 년간 반짝 노력한다고 해서 당장 가시적인 효과나 소득으로 돌아오지 않는다. 하지만 쌓인 기간만큼 남들과 차별화된 경쟁력으로 축적되는 것은 분명하다.

같은 시간, 다른 의미

잡 크래프팅은 주로 자기 주도적인 사람에게서 나타나는 특성이다. 자신이 어떤 것을 좋아하고 잘하는지 명확히 알고 직장을 선택하는 사람은 그렇지 못한 사람보다 잡 크래프팅 수준이 높을 확률이 크다. 직무 적합성이 맞지 않는 일을 업으로 삼는 기간이 길어질수록 그 일은 단순히 경제적 수단으로서의 의미만 커지게 된다. 그렇게 낭비하기에는 직장에서 보내야 하는 시간이 너무나도 길다. 왕복 출퇴근 시간까지 포함하면 하루에 최소 10시간 이상이다. 잠자는 시간을 제외하면 하루의 절반 이상을 직장에서 보낸다. 그 긴 시간을 정신적·경제적 압박감으로 소비하기에는 너무나 아까운 시간이다. **같은 조직에서 동일한 직무를 하더라도 누군가에게는 힘들게 버텨야 하는 일이고 누군가에게는 좋아하고 잘하는 일이다. 시간이 지날수록 둘의 격차는 점차 벌어질 수밖에 없다. 물리적으로는 같은 시간이지만 의미적으로는 매우 다른 시간이기 때문이다. 잘하는 걸 즐기는 사람이 되어야 자발적 열정과 성과가 따라온다.**

11 불만 욕구와 성장 욕구는 한 끗 차이

불만 욕구의 원인은 엉뚱한 곳에 있었다

20대의 나는 내가 뭘 좋아하고 잘하는지 명확히 모른 채 직장 생활을 시작했다. 그저 야근이 많지 않고 수평적인 조직 문화를 갖춘 외국계 기업이 목표였을 뿐이었다. 시간이 흘러 목표를 이루었고 직장 생활도 나름 만족스러웠지만 그냥 딱 거기까지였다. 정확한 이유는 알 수 없었지만 시간이 지날수록 일상생활에서의 불만과 짜증이 늘어 갔다. 특히나 공공장소에서 배려 없이 민폐를 끼치는 사람들은 매일같이 나를 짜증 나게 했다. 지하철에서 나를 치고 가면서 사과도 안 하는 사람, 줄 서서 기다리고 있는데 중간에 새치기하는 사람, 옆자리의 쩍벌남, 아이가 레스토랑에서 고래고래 소리 지르며 뛰어다니는데도 나 몰라라 하는 아이 부모, 버스 정류장에서 담배 피우고 꽁초 아무 데나 버리는 사람 등 매일 신경을 거슬리게 하는 상황이 너무 많았다. 때로는 또박또박 따지고 바른 소리를 했다. 그 자체가 잘못되었다는 건 아니다. 하지만 분명히 횟수도 잦고 과했다. 그러다가 시간이 지나서야 잦은 불만과 화의 원인이 상황 그 자체가 아니라 내가 문제란 걸 우연한 기회로 깨닫게 되었다. 그 깨달음의 시작이 바로 자기 객관화였다. 나는 내가 무엇을 좋아하고 잘하는지 알지 못했고 스스로를 도전 정신이 부족하고 창의력이 없는 사람이라고 생각했다. 오직 안정적인 삶만을 원한다고 생각했고 실제로 오랜 기간 동안 그 삶을 유지하려고 노력했다. 그러나 이것이 불만의 원인이었다. 스스로를 잘 알지 못해 생긴 오해였던 것이다. 잘하고 좋아하는 일을 해야 하는데 나의 숨은 욕구에 비해 만족도가 낮은 일을 오랜 기간 하고 있으니 자신이 마음에 들지 않았던 것이다. 그렇게 만족스럽지 못한 삶에서 오는 불만 에너지를 엉뚱한 곳에 쏟으며 불필요한 화풀이를 했다는 걸 시간이 지나서야 깨달았다. 깨달음이란 단 한 번도 생각해 본 적 없던 문제에 대한 해답을 갑자기 알게 되는 게 아니라, 평소에 내가 고민해 왔던 것에 대한 해답을 우연한 기회로 알게 되는 것에 가깝다. 해답을 얻고 난 후 전에는 보이지 않았던 많은 것들이 보이기 시작했다.

나의 숨겨진 욕구 들여다보기

내가 성장 욕구가 매우 강하고 좋아하는 것에 열정적으로 달려들며 아무것도 없는 상황에서도 도전을 두려워하지 않는다는 걸 20대 후반이 되어서야 알았다. 직무 전환 후 HR 업무를 담당하기 시작하면서 개인 시간과 사비를 털어 가며 직무 역량을 개발하는 데 열을 올렸던 것도, 야근이 잦았음에도 시간 가는지조차 몰랐던 것도, 나의 성장뿐 아니라 직원들의 성장을 돕는 HR이라는 직무에 자부심을 느꼈던 것도 이러한 성장 욕구가 바탕이 되었다. 사람들은 누구나 아직 발견하지 못한 잠재 역량을 가지고 있다. 하지만 이를 깨닫지 못해 개발되지 않은 채로 그냥 둔다면 그 불만 욕구는 전혀 엉뚱한 방향으로 표출될 수도 있다. 과거의 나처럼 말이다.

대기업 재벌이나 졸부에 대해 필요 이상으로 열을 올리며 비난하는 사람이 어쩌면 재력이나 부에 대한 욕구가 더 강할 수 있다. 이러한 욕구가 개발되거나 실행으로 이어지지 않으면 불만 욕구, 비난, 남탓하기 등 부정적인 감정들이 쌓이게 된다. 이런 의미로 보면 늘 현실에 만족하고 안정성을 추구하는 사람보다 불평불만이 많은 사람이 오히려 개발하고 싶은 잠재적 역량이 많은 사람일 수도 있다. 다만 그저 습관적인 불평불만에서 그치느냐 아니면 그런 상황을 개선하기 위한 대안 제시와 실행으로 이어지느냐는 엄청나게 다른 결과를 낳는다. 개선 욕구가 있는 불평과 불만은 스스로를 성장시키고 조직에도 기여하지만 개선 욕구가 전제되지 않는 불만 욕구는 자신에게도 조직에도 마이너스다.

불평불만을 말하는 것은 세상에서 가장 쉬운 일이다

불평과 불만이 유독 많은 직원을 면담할 때 내가 항상 던지는 질문이 있다. "만족스럽지 못한 그 상황을 바꾸기 위해 본인이 한 일은 무엇인가요?" 대답을 못하는 이도 있었고, 좀 더 나은 경우 이렇게 해 보았는데도 개선되지 않았다고 대답한 이도 있었다. 후자의 경우 다른 개선 방향이 있을지 함께 논의한다. 하지만 전자처럼 아예 대답을 못하는 경우는 상황 개선을 위해 자신의 위치에서 본인이 할 수 있는 건 무엇일지 먼저 생각해 보라는 조언을 했다. 우선 그것을 시도해 보고 그다음에 이 부분을 다시 논의해 보자고 말이다. **불평불만을 말하는 건 세상에서 가장 쉬운 일이다. 불평불만이 많은 사람의 대화 내용을 자세히 들어보면 남 탓, 환경 탓이 대부분이다. 그리고 늘 억울해한다. 개선 욕구나 대안 없는 무조건적인 불평과 불만은 상황을 개선하는 것이 아니라 오히려 악화시킨다.**

워라밸을 중요한 가치로 생각하는 요즘과 달리 내가 음악 회사에 근무했던 당시만 해도 야근이 잦았다. 모든 부서가 야근이 잦은 건 아니었고 주로 마케팅 부서가 심했다. 나도 가끔 마지막까지 남아서 근무하곤 했는데 그런 날이면 소등하기 전에 혹시 남아 있는 사람이 있는지 확인해 보려고 사무실을 한 바퀴 돌았다. 한 번은 꽤 늦은 시간이었는데 마케팅 부서 사원 한 명이 아직 자리를 지키고 있었다. 안쓰러운 생각이 들어서 남은 일이 많냐고 물어보며 잠시 멈춰서서 대화를 나눴다. 어쩌면 지나가는 인사치레였을지도 모를 나의 질문에 그 직원이 밝은 표정으로 예상치 못했던 답변을 내놓았다. "제가 제 일하는 건데요 뭘…. 매일 야근하는 것도 아니고요. 오히려 궁금한 게 많아서 재밌어요" 아무렇지 않게 활짝 웃으며 대답하는 그 직원의 밝은 에너지에 그냥 의례적으로 하는 대답이 아님을 알 수 있었다.

불평불만의 원인은 안 맞는 일을 너무 오래 해서일 수 있다

그 직원의 마음가짐이 어떠했든 야근을 해야 하는 사실은 변하지 않는다. 하지만 같은 상황이라도 받아들이는 사람에 따라 반응은 천차만별이다. 20대 때의 나는 '외국계 회사 입사'라는 목표는 달성했지만 직무 자체는 나와 맞지 않았다. 당시 나의 직무에 8시간 이상을 투자할 만큼 동기부여가 충분히 되지 않았기 때문에 워라밸에서 가치를 찾았다. 당시만 해도 지금과 기업 환경이 많이 달랐던 때라 야근이 많지 않은 외국계 기업은 꽤 나쁘지 않은 조건이었다. 시간이 흘러 이직을 했고 그곳에서 HR 업무에 도전해 볼 수 있는 기회가 왔다. 나는 그 기회를 냉큼 잡았다. HR 업무를 하면서 내가 원했던 건 나를 성장시킬 수 있는 좀 더 도전적인 일이었다는 걸 알게 되었다. 역동적인 기업 환경이 나에게 잘 맞으며 변화 없는 안정적인 직무나 환경에서 오히려 지루함을 느낀다는 것도 말이다. 아쉽게도 서른이 넘어서야 이 사실을 깨달았다.

당신이 다니고 있는 조직이 얼마나 형편없는 곳인지 걸핏하면 불만을 드러내고 있는가? 능력이 있다면 나를 인정해 주는 더 좋은 곳으로 이직하면 된다. 정말 그렇게 형편없는 곳이라면 왜 과감하게 떠나지 못하고 긴 시간 동안 같은 불만을 반복하는 걸까? 다른 곳으로 이직할 만한 경쟁력이 부족한 건지, 아니면 익숙함을 버리고 새로운 환경에 적응하는 게 두려운 건지, 그것도 아니라면 내가 뭘 좋아하고 잘하는지 전혀 모르고 있는 건지 스스로 원인을 살펴볼 필요가 있다. 자신의 민낯을 직시해야 한다. 원인을 외면한 채 엉뚱한 곳에서 이유를 찾거나 욕구불만으로 에너지를 낭비할 필요 없다. 역량 문제든 익숙함의 문제든 다른 대안을 선택하지 못한 채 불만만 계속된다면 가장 큰 피해를 입는 사람은 바로 자기 자신이다. 오랜 기간 조직 생활을 하면서 다양한 불평불만주의자들을 만났다. 하지만 여기에도 명확한 단계가 있다. **적어도 어느 정도의 자기 객관화가 되는 구성원의 불평불만은 해결책과 개선방법을 같이 고민하면 된다. 하지만 습관적인 불평과 내 탓이 쏙 빠진 남 탓과 환경 탓만으로 일관하는 불만은 오히려 조직과 다른 구성원들에게까지 부정적인 영향을 미친다.** 어쩌면 당신이 조직에서 불평불만이 많은 사람으로 찍힌 이유는 자신에게 안 맞는 일을 너무 오래 하고 있기 때문인지도 모른다.

기업 우아한형제들은 위트 있는 회사 소개로 유명하다. 이는 기업 홈페이지 문화 소개란에 '송파구에서 일을 더 잘하는 11가지 방법'이라는 구성원이 추구해야 할 일하는 방식에서도 잘 드러난다. 그중 마지막 11번 항목이 '이끌거나, 따르거나, 떠나거나!'이다. 이 항목에 대한 설명 중 마지막 문장이 인상적이다. '건전한 비판과 토론이 아닌 냉소와 방관하는 자신의 모습이 보인다면 본인과 주변 구성원 모두를 위해 회사를 떠날 때입니다'. 명쾌한 설명이다. 발전적인 개선책이나 대안 없이 불평과 불만을 일삼으며 외부 탓을 하는 이들은 조직 내 다른 동료들에게도 좋지 않은 영향을 미친다. 개인적인 불만에만 머무르지 않고 선동까지 한다면 문제는 더욱 심각해진다. 하지만 본인의 불평과 불만을 개선 욕구로 연결한다면 개인의 성장은 물론이고 조직의 성장에도 기여하는 핵심 역량이 될 수 있다. 불만 욕구와 성장 욕구 중간에 있는 개선 욕구의 여부가 전혀 다른 결과를 낳는다. 이 한 끗 차이로 당신의 미래가 완전히 달라질 수 있다는 걸 기억하기 바란다.

12 자발적 스타트업 정신

'스타트업 정신'은 무의 영역에서 유를 창조해 내는 창의적 사고와 도전 정신을 의미하기도 하고, 직무 기술서에 명시된 역할이 아닌 스스로 직무를 정의하고 확장하는 정신을 의미하기도 한다. 톱니바퀴의 부속품으로써 주어진 역할을 하며 소진될 것인지 톱니바퀴의 휠이 되어 바퀴를 굴리는 동력의 주된 역할을 할 것인지 그 선택은 나에게 달려 있다. 스타트업 정신은 고등한 차원의 주인 의식이다. 나 스스로 주인이길 선택하는 일이기에 조직에서의 강요된 애사심이나 충성심과는 본질적으로 다르다. 수동형이 아닌 능동형의 개념이기 때문이다. 구글, 아마존, 페이스북Facebook 모두 처음 시작은 스타트업이었다. 그리고 그 정신은 세계 최고의 일류 기업이 된 지금도 조직 문화 안에 흐르고 있다. 그렇다면 스타트업 정신은 구체적으로 어떤 마음가짐을 말하는 걸까?

핵심은 자기 주도성이다

무에서 유를 창조한다는 말에 지나치게 겁먹을 필요는 없다. 조직에서 100퍼센트 완전한 '무'란 존재하지 않는 경우가 대부분이다. 특히나 요즘처럼 다양한 경로를 통해 정보를 수집하는 일이 너무나 쉬워진 시대에는 말이다. 무언가 새로운 프로젝트를 시도할 때 우리는 다양한 사례를 통해 정보를 습득한다. 그것은 인터넷 검색 정보, 학술지나 논문이 될 수도 있고 미디어나 전문 서적이 될 수도 있다. 때로는 내부 의견을 모으고 외부 전문가 인맥을 활용하기도 하며 도움이 될 만한 외부 교육이나 세미나에도 참석한다. 이러한 일련의 활동이 조직에서는 최초일 수 있지만 이 세상에 존재하지 않았던 '무'의 영역은 아닌 경우가 많다. 나 역시 HR 업무를 하는 동안 조직에 최초인 일들을 많이 진행했지만 이미 외부 전문가가 진행한 사례들과 그 외 여러 경로를 통한 다양한 자료 수집, 외부 교육이나 세미나, 특강, HR 담당자 네트워크 등 활용 가능한 정보와 도구는 무궁무진했다. **중요한 건 정보 과잉의 시대에 양질의 정보가 어디에 있는지 선별하는 역량, 선**

별된 다양한 정보를 바탕으로 우리 조직에 맞게 바꾸는 재가공 역량, 그리고 재가공한 자료를 바탕으로 실행안을 짜는 기획력, 실제 실행하고 과정 점검을 통해 평가 후 조직에 정착시키는 내재화 역량이다. 우리에게 필요한 스타트업 정신은 이처럼 처음 시작부터 완결까지의 모든 과정에 있어 실행력과 적극적인 추진력을 보이는 자기 동기부여 혹은 자기 주도성이다.

그런 의미로 한 번도 해 본 적 없다고 멈칫하거나 이미 조직 내에 경험치가 쌓인 것만 반복하려고 하는 안전 지향성은 스타트업 정신과 대척점에 서 있다고 볼 수 있다. 혁신적인 글로벌 기업이나 변화 주기가 빠른 기업들에서 구성원들에게 요구하는 부분이 바로 스타트업 정신이다. 경력이나 직급이 아닌 직무 역할에 따른 권한과 재량권을 구성원에게 부여하는 것은 이런 이유다. 아마존의 경우 입사 후 얼마 되지 않은 상황에서도 권한이 주어지는 프로젝트를 할당받는다고 한다. 경력과 직급에 따른 권한이 아닌 각자가 자신의 직무에 대한 권한을 가진다는 의미다. 테슬라TESLA의 경우 입사와 함께 '근로 지침서에 반하는 근로 지침서The Anti-Handbook Handbook'라는 책자를 받게 된다고 한다. 핸드북Handbook은 조직에서 지켜야 할 정책이나 규율을 담은 근로 지침서 또는 규정집으로 우리나라 기업의 취업규칙 같은 개념이다. 그런데 테슬라의 핸드북은 전통적인 형식이 아니라 '근로 지침서에 반하는 근로 지침서'다. 그 이유를 첫 장에서 밝히는데 내용을 간략하게 요약하면 다음과 같다.

> 전통적인 형식의 근로 지침서의 경우 각종 규정과 규칙으로 채워져 있는데 이러한 것들은 바닥이 어딘지 얼마나 최악일 수 있는지를 알려줄 뿐이다. 우리는 직원에 대해 매우 높은 기대치를 가지고 있기에 누가 말하지 않아도 직원 스스로 높은 기준을 갖고 올바르게 행동할 것이라는 사실을 알고 있다. 당신이 그런 사람이라면 이곳에서 우리와 함께 앞으로 멋진 일들을 기쁜 마음으로 함께할 수 있겠지만 만약 당신이 이에 해당하지 않는다면 이곳이 아닌 다른 기업에서 더 좋은 기회를 만나는 게 좋을 것이다. 냉정하게 들리겠지만 이게 진실이다.

재치 있게 에둘러 이야기하고 있지만 우리는 직원에 대한 높은 기준을 갖고 있고 당신이 이 기준에 맞지 않는다면 다른 직장을 알아보라는 말이다. 또한 직원에게 기대치를 갖게 할 책임은 각자에게 있으며 조직은 그런 걸 일일이 가르쳐 주는 학교가 아니니 스스로 책임감 있는 자율성을 보이라고 강조하는 항목도 있다.

이는 구글도 마찬가지다. 구글의 전 최고인사책임자였던 라즐로 복은 구글의 경험에서 얻을 수 있는 가장 중요한 교훈이자 가장 먼저 할 일은 자신이 창업자가 되기를 원하는지 아니면 누군가의 직원이 되기를 원하는지 선택하는 일이라고 말했다. 그리고 구글에서 부딪히는 까다로운 과제 중 하나가 직원들이 회사의 단순한 직원이 아니라 주인처럼 느끼고 생각하며 행동하게 해야 한다는 점이라고 강조했다. 이처럼 글로벌 혁신 기업들의 공통점 중 하나가 조직원 스스로 주인이 되기를 바라는 자기 주도성과 자발적인 스타트업 정신을 요구한다는 것이다. 물론 이 부분은 쌍방 모두에게 적용된다. 조직은 조직원이 자발적인 주인 의식을 가질 만한 수준을 갖추어야 하고, 직원들 또한 스스로 동기 부여하는 주인 의식을 가져야 한다. 어느 한쪽의 노력이 아닌 쌍방의 욕구가 만났을 때 가능한 일이다.

독립적이고 주체적으로 일하며 스스로 동기를 부여하는 역량, 시작부터 완결까지 해내는 실행력과 추진력, 누군가가 지시해야 하는 수동적 태도가 아닌 내가 알아서 하는 능동적 태도, 호기심과 도전정신 등은 스타트업 정신에 필요한 요소들이다. 이런 요소들은 경력이 쌓이거나 직급이 높아진다고 해서 저절로 함께 올라가는 가치가 아니다. 경력이 쌓이고 직급이 올라가면 어느 선까지 숙련도는 높아질지 몰라도 스타트업 정신이 부족하다면 결국 특정 시점에서 자신의 한계에 부딪히게 된다. 직접 경험해 보지 않았더라도 스타트업 정신이 강한 사람은 상황에 맞는 문제 해결력을 보인다. **스스로가 주인이 되어 상황을 이끌 것인지 아니면 누군가의 지시에 의존해 끌려다닐 것인지 선택해야 한다. 빠르면 빠를수록 좋다. 남보다 앞서 스타트업 정신을 갖는 것은 성장 속도와 경쟁력면에서 남들과의 차별화를 선점하는 것이나 다름없다.**

13 자기 주도적 인재는 스스로 성장한다

대학원에서 쓴 논문 주제가 「성찰 수준이 잡 크래프팅에 미치는 영향」이었고 조절 효과는 LMXLeder Member Exchange(리더-구성원 교환 관계), TMXTeam Member Exchange(팀-구성원 교환 관계)였다. 성찰 수준은 무성찰과 비판적 성찰의 두 수준으로 구분할 수 있는데 무성찰 수준이 높을수록 잡 크래프팅 수준이 낮고 비판적 성찰 수준이 높을수록 잡 크래프팅 수준이 높아진다. 비판적 성찰은 성찰의 가장 높은 단계로 비판적 성찰 수준이 높은 사람은 과거의 경험이나 학습 상황과의 연관성을 찾고 스스로 관점을 전환해 실행으로까지 연결한다. 또한 자기 주도적 성향, 능동적인 직무 수행 역량이 뛰어나고 자기 효능감이 높다. 성찰과 잡 크래프팅의 의미에 비추어 볼 때 성찰 수준이 높을수록 잡 크래프팅 수준이 높아질 것이라는 사실은 누구나 쉽게 예측이 가능하다. 나의 예상을 빗나갔던 건 바로 '조절 효과'였다.

그들은 스스로 성장한다

비판적 성찰 수준이 높은 사람은 리더와의 교환 관계가 잡 크래프팅에 큰 영향을 주지 않는 것으로 나타났고, 성찰 수준이 낮은 무성찰의 경우는 오히려 리더와의 교환 관계가 잡 크래프팅 수준에 영향을 준다는 결론이 도출되었다. 처음에는 의외라고 생각했지만 HR 전문가로서의 경험을 곰곰이 되짚어 보니 납득이 가는 결과였다. 조직에서 역량을 인정받는 핵심인재의 경우 비판적 성찰 수준과 잡 크래프팅 수준이 모두 높을 가능성이 매우 크다. 그런 핵심인재들은 자기 주도성이 강하므로 누군가에 의해서가 아니라 스스로 알아서 하는 능동적인 성향을 가지고 있다. 어느 부서에 배정되어 누구의 밑에서 일하든 자기 주도적으로 일할 사람들이다. 오히려 이런 인재는 조직이 자신을 성장시켜 주지 못한다고 판단할 때 조직을 떠난다. 우리 조직에서든 다른 조직에 가서든 자기 주도적인 사람의 본질은 변하지 않는다. 하지만 비판적 성찰 수준과 잡 크래프팅 수준이 모두 높은 핵심인재군에 포함되는 직원 수는 조직마다 다르다. 5퍼센트 미만일 수도 있고 30퍼센트 이상일 수도 있다. 중요한 건 이 비율에 따라 조직과 조직원의 전체적인 수준이 달라진다. 상향 평준화된 조직이 될 수도 있고 하향 평준화된 조직이 될 수도 있다.

변화의 주체는 나다

성찰 수준이 낮은 조직원의 경우는 성찰 수준이 높은 조직원과 달리 리더와의 교환 관계가 잡 크래프팅 수준을 높이는 데 긍정적인 역할을 하는 것으로 확인되었다. 즉, 자기 주도성과 능동적 성향이 부족한 직원의 경우 상사가 정서적 유대감을 통한 관계 형성과 리더십으로 동기부여를 하는 것이 어느 정도 효과가 있다는 의미다. 그런 의미로 본다면 상사는 부하 직원의 성향을 명확하게 파악한 후 한 방향의 똑같은 리더십이 아니라 부하 직원의 특성과 성향을 고려해 리더십을 변주할 줄 알아야 한다. 커뮤니케이션과 리더십은 쌍방향으로 이루어지는 것이기 때문에 상대방을 고려한 차별화가 오히려 효과적일 수 있다.

자기 주도성이 낮고 수동적인 직원의 경우 리더 역할에 따라 변화 가능성이 있지만 중요한 건 본인 스스로 변하려는 의지가 강해야 한다. 그렇지 않으면 자기 주도성이 강해 스스로 동기를 부여하는 사람

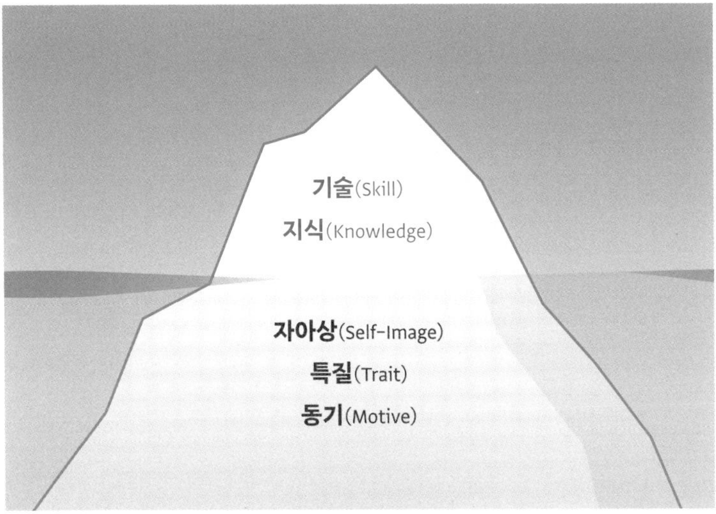

역량의 빙산 모델

과의 편차는 경력이 쌓일수록 점점 벌어질 수밖에 없다. 관리자의 입장이 되었을 때는 이미 늦다. 역량을 언급할 때면 단골손님처럼 등장하는 '역량의 빙산 모델' 이론이 있다.

역량은 일반적으로 동기Motive, 특질Trait, 자아상Self-Image, 지식Knowledge, 기술Skill 등으로 이루어지는데 기술이나 지식은 수면 위 빙산에 해당하는 부분이라 파악이 쉽다. 하지만 자아상, 특질, 동기와 같은 역량은 수면 아래 위치한 빙산에 해당하며 특히 수면 밑쪽에 위치할수록 선천적인 영향이 크기에 쉽게 변하지 않는다는 이론이다.

자기 주도성과 동기부여는 수면 밑에 깔린 빙산의 하단에 있는 역량이다. 멋진 리더를 만나도 자신이 변하고자 하는 의지가 강하지 않다면 수면 밑에 위치한 역량을 개발하기란 쉽지 않다. 좋은 리더를 만나 변화를 보이는 듯하다가 리더가 바뀌거나 환경이 변하면 다시 예전으로 돌아갈 확률이 높다. 선천적인 부분은 그만큼 원래대로 돌아가려는 관성도 강하기 때문이다. 변하려고 하는 본인의 의지가 강해야 한다는 말은 바로 이런 뜻이다. 어느 정도 선천적으로 타고나야 하는 부분이기에 실제 자기 주도성이 낮은 사람의 경우 자기 자신을 냉철하게 바라볼 필요가 있다. 리더의 역할이 영향을 미친다고 해도 일부분일 뿐이며 실제 변화의 주체는 언제나 자기 자신이다. 리더는 언제든지 바뀔 수 있다. 좋은 리더를 만나 좋은 영향을 받는 건 유통기한이 한시적이다.

자기 주도적 인재의 일관성

사회생활을 오래 하다 보면 일관성의 가치를 깨닫게 되는 순간이 있다. 특히 조직 구성원 모두를 혼란에 빠트릴 만한 큰 변화가 조직에 발생했을 때 사람들이 보이는 반응을 통해 많은 걸 배우고 느꼈다. 사람의 가치는 좋을 때가 아닌 오히려 좋지 않은 상황에서 드러난다는 깨달음도 그중 하나였다. 좋은 리더를 만나 성장하는 것처럼 보였던 사람이 리더가 조직에서 떠나고 환경이 달라지자 다시 예전의 나쁜 습관으로 돌아가는 걸 여러 번 경험했다. 리더나 환경의 영향으로 변하는 건 진정한 변화가 아니라 나에게 유리한 변화를 선택한 거다. 선택이 더 이상 유효하지 않으면 본래의 모습으로 돌아갈 확률이 높아진다. 진정한 변화는 사람이나 환경의 변화와 관계없이 일관성이 있어야 한다. 변화의 주체가 나 자신인 경우 리더나 환경 변화에 관계없이 일관성을 가지게 된다.

모 기업의 한국 지사가 매각되면서 법인 정리 절차에 들어갔고 최종적으로 업무를 마무리할 소수 직원만 남게 되었다. 상황이 이렇게 되었지만 그래도 평소처럼 마지막까지 최선을 다하는 직원들과 어차피 문 닫을 회사인데 굳이 그렇게까지 할 필요 없다는 직원들로 나뉘었다. 이런 상황이 되고 나니 출퇴근 시간 및 업무 처리 정도를 두고 누가 누구에게 싫은 소리를 하기도 굉장히 모호한 상황이 되었다. 실제 지인 회사에서 있었던 일이다. 이처럼 모든 선택을 개인 재량과 자율에 맡겼을 때 그 사람의 자기 주도성과 일관성이 드러난다. 상황과 관계없이 늘 해 왔던 대로 일관성을 유지하는 사람이 있고 상황 변화에 따라 태세를 달리하는 사람이 있다. **자기 주도성이나 일관성의 주체는 나 자신이다. 환경이나 주변 사람에 따라 그 정도를 달리**

한다면 주체는 '나'가 아닌 '외부'다. 그런 사람들은 비슷한 상황이 닥치면 또 언제든지 변할 수 있다. 외부에 의한 중심은 가변적 가치이기 때문이다.

나도 조직 생활을 하며 대표이사의 부재나 조직의 위기 상황 등 여러 가지 혼란스러운 변화를 겪는 시기가 있었다. 조직 구성원들을 단단하게 잡아 주는 역할을 해야 할 관리자급 매니저가 오히려 혼란을 더욱 가중하기도 했고, 뒤숭숭한 시기이지만 언제나 똑같은 모습으로 오늘의 역할을 묵묵히 수행하는 사원·대리급 조직원도 있었다. 자기 주도적 인재는 자신이 주체인 삶을 살기 때문에 외부의 영향을 덜 받는다. 높은 성찰 수준을 갖춘 사람의 잡 크래프팅 역량에 리더와의 교환 관계가 큰 역할을 하지 않는 것과 비슷한 맥락이다. 리더나 자신이 처한 환경이 아닌 자기 자신이 주체이기에 그들은 언제나 상황에 흔들리지 않는 일관성을 보인다. 자신이 주체인 높은 의식 수준은 셀프 트랜스포메이션의 핵심이기도 하다.

14 훌륭한 동료는 기업 최고의 복지다

앞에서 언급한 논문 결과 중 또 다른 중요 시사점이 있었는데 비판적 성찰수준과 잡 크래프팅 수준이 높은 소위 핵심인재들은 조절 효과인 LMX(리더-구성원 교환 관계)보다는 오히려 TMX(팀-구성원 교환 관계)에 영향을 받는다는 것이었다. 쉬운 말로 성찰 수준이 높은 핵심인재들은 리더보다 오히려 동료의 영향을 더 받는다는 것이다. 넷플릭스 창업자이자 CEO인 리드 헤이스팅스Wilmot Reed Hastings Jr.가 2009년 온라인에 공개한 125쪽의 넷플릭스 문화: 자유와 책임Netflix Culture: Freedom & Responsibility이라는 내부 문서가 있다. 그중 함께 근무하는 직장동료의 수준이 얼마나 중요한지를 강조한 내용이 나오는데 일부를 소개하면 다음과 같다.

최고의 근무 환경이란 최고의 동료들이 있는 곳이다

최고의 근무 환경이란 보육 시설 혜택, 에스프레소 기계, 의료 혜택, 점심으로 제공되는 초밥, 멋진 사무실 환경이나 큰 보상이 아니다. 우리도 그런 혜택을 일부 제공하긴 하지만 그건 훌륭한 동료들이 넘치는 근무환경을 만들기 위함이다.

결국 직원에게 최고의 복지란 우리가 흔히 알고 있는 각종 혜택과 보상이 아니라 훌륭한 동료들과 함께 일할 기회를 제공하는 것이다. 이 내용은 성찰 수준과 잡 크래프팅 수준이 모두 높은 핵심인재군이 리더보다 팀 동료에게 더 큰 영향을 받는다는 것과 상통한다. '내가 어울리는 사람이 나의 미래를 결정한다'라는 말이 있다. 마찬가지로 나와 조직에서 함께 일하는 동료들의 수준이 나의 성장에 영향을 미친다. 물론 훌륭한 복지나 누군가에게 자랑하고 싶은 멋진 사무실 환경처럼 내세우기 좋은 조건들도 의미 있다. 그러나 나의 경력과 역량 향상에 좋은 영향을 미치는 최고의 동료야말로 가장 훌륭한 복지인 것은 확실하다. 좋은 동료와 함께 일하면 나 또한 긍정적인 자극을 받는다. 누가 이야기하지 않아도 자신의 실력을 객관적으로 인지하게 된다. 셀프 트랜스포메이션형 인재가 많은 곳은 그들 자체가 훌륭한 교육의 역할을 한다. 대기업에서 교육 연수원까지 두어 가며 제공하는 다양한 교육과 달리 오히려 현업에서의 실제적인 교육 효과를 발휘한다. **최고의 동료는 어쩌다 한 번 진행되는 역량 교육처럼 일회성에 그치는 것이 아니라 현업에서의 지속성을 가지기 때문이다.** 뛰어난 동료가 없는 조직이라면 평균으로 묻어갈 수 있는 나의 실력이 멋진 동료가 많은 조직에서는 수면 위로 그대로 드러난다. 자기 관대화라는 본능이 제거된 객관적인 나를 인지하게 되는 것이다. 실제 나를 마주하는 것부터 그 사람의 성장이 시작된다.

긍정적인 자극을 주는 동료가 있는가?

얼마 전 예전에 근무했던 회사 직원들과 만났다. 내가 직접 채용을 진행하고 성장을 지켜봐 왔던 직원들로 서로 동갑내기 절친이다. 시간이 흘러 지금은 각자 다른 곳에서 자신의 경력을 쌓아가고 있지만 여전히 우정을 이어 가고 있다. 그들이 나에게 좋은 인연을 만들어 주어서 감사하다는 인사를 했다. 당시 HR 담당자로서 새로운 직원 입사 시 내가 했던 몇 가지가 있는데 그중 하나가 각각 다른 부서에 속해 있는 비슷한 연령의 직원들이 함께할 수 있는 자리를 마련하는 것이었다. 또래 동료와의 만남을 통해 조직에 좀 더 빨리 마음을 붙일 수 있게 하려는 일종의 배려였다. 성향이 각각 다른 이들은 자신이 가지지 못한 점을 다른 사람에게서 발견하며 서로에게 좋은 영향을 받는다고 했다. 조직에서 당신의 모습은 어떤가? 만약 동료와 함께 상사와 조직 험담을 하며 감정의 찌꺼기만 교환하는 관계라면 바로 빠져나오기 바란다. 당장은 속이 후련할 수 있지만 장기적으로는 마이너스인 관계다. 그 관계에서 빠져나오지 못하고 계속 머물러 있는다면 당신도 그런 정도의 수준에만 머무르게 된다. 만약 같은 팀이라 계속 얼굴을 봐야 하는 관계라면 일상적인 반응만 하면 된다. 동료가 함께 있을 때마다 누군가에 대한 험담을 지속적으로 하는 사람이라면 '속상하겠다' 정도의 일상적인 반응만 하고 더 이상의 동조는 피하기 바란다. 늘 그 정도 선에서의 반응만 보이면 상대방도 이 사람과 누군가의 험담을 나누면 안 되겠다는 걸 느낀다.

나를 한 단계 발전시키고 내가 처한 현실을 직시하게 만드는 동료가 내 주변에 있게 되면 긍정적인 자극을 받게 되고 나도 저 사람처럼 성장해야겠다는 좋은 압박감이 생긴다. 당신의 주변을 둘러보기 바란다. **주변에 나에게 긍정적인 자극을 주는 동료가 있는가? 아니면 만날 때마다 주로 상사, 동료, 조직, 연예인의 험담과 불평불만을 토로하는 동료뿐인가? 나의 성장에 집중하는 대화가 아니라 좋지 않은 남 이야기에 집중하는 대화를 나누는 시간이 길어질수록 당신은 셀프 트랜스포메이션형 인재에서 멀어진다.** 당신이 이직을 결심해야 하는 이유는 연봉이나 복지 때문이 아니라 오히려 당신의 성장에 도움이 되는 멋진 동료가 하나도 없기 때문이다. 당신의 의식 수준은 당신이 지금까지 선택한 것들을 합친 총합이다. 매 순간 자신의 의식 수준을 끌어올리는 선택의 횟수를 늘린다면 이 선택들은 몇 년 후에 나의 경쟁력으로 되돌아온다.

15 자신의 의식 수준만큼 보인다

조직 정치와 조직 인식의 차이점

고용노동부에서 2016년 말에 제작·배포한 348쪽의 『공정인사평가모델 가이드북』이 있다. 인터넷에서 검색하면 관련 PDF 파일을 발견할 수 있다. 내용 중 역량 평가의 지표를 언급한 부분이 있는데 크게 인지(17), 성취 행동1(11), 성취 행동2(11), 대인관계(7), 관리 일반(12), 대인 영향력(7), 개인 효과성(18)의 7개 항목으로 구분되며 각 항목에 속한 세분화된 역량명과 함께 정의를 설명하고 있다. 위 괄호 안의 숫자는 각 항목에 속하는 역량명의 개수로 총 83개다. 조직에서 필요한 역량명이 모두 나와 있으니 핵심인재로 인정받으려면 대체 어떤 역량이 필요한지, 나는 이러한 역량을 갖추고 있는지, 나의 부서원들은 어떤 역량을 강화해야 하는지 등을 점검해 보고 싶을 때 활용하기 바란다. 이중 '대인 영향력'의 세부 항목인 '영향력' '조직 인식' '관계 형성' 역량의 정의를 살펴보면 다음과 같다.

• 영향력

자신의 목적에 대한 지원을 얻어 내기 위해 강력한 인상을 심어 주고 확신시키고 설득하려는 의도. 또는 타인에게 어떤 영향을 행사하려는 욕구.

• 조직 인식

자신이 속하거나 관련된 조직 또는 보다 넓은 조직적인 환경에서 권력 관계를 파악하는 능력으로 결정권자나 결정권자에게 영향을 미칠 수 있는 사람을 파악하는 능력. 특정 사건이나 상황이 조직 내의 개인이나 집단에 미치는 영향을 예견하는 능력 등을 포함함.

• 관계 형성

업무 목표를 달성하기 위해 현재 또는 미래에 유용한 내외부 고객과 우호적인 관계를 형성하거나 유지하려는 태도.

우리가 흔히 조직 생활을 하면서 조직 정치와 헷갈리는 역량이 위

세 가지가 아닌가 싶다. 흔히 부정적으로 인식되는 조직 정치와 달리 위 역량은 좋은 리더로 성장하기 위해 반드시 갖추어야 할 역량이다. 특히 조직 인식의 경우는 직관력과도 연관이 있는데 조직 인식 역량이 없는 경우 상황 판단력과 문제 해결력이 떨어진다. 만약 높은 위치의 직급인데 조직 인식 역량을 갖추지 못했다면 그 부서나 본부에 속한 구성원들은 물론 조직에도 심각한 마이너스다. 직장 생활을 하다 보면 가끔 조직 인식 역량과 조직 정치를 비슷한 개념으로 보는 직원들이 있다. 조직 정치란 조직 구성원이 조직에서 자신이 원하는 긍정적인 결과를 얻기 위해 공식적으로 인정하지 않는 방식으로 행사하는 영향력 또는 자기 위주의 행동을 말한다. 조직 정치를 하는 이들은 조직의 이익이 아닌 오직 자신만의 성공과 조직 내 영향력을 위해 인맥과 라인을 형성한다. 만약 이를 직접 형성할 만한 역량이 되지 않으면 자신이 그런 라인을 찾아 합류한다. 하지만 효용 가치가 없다고 판단될 때는 언제든지 이익이 될 만한 다른 방향으로 선회하는 철저한 자기중심주의의 부류다. 보통은 자신의 역량만으로는 조직 내에서 영향력을 지키기 어려운 사람들이 취하는 방식이다. 조직에서 '살아남기' 위한 선택을 하는 사람들은 다른 의미로 생각하면 그 조직이 아니면 현재 자신의 역량만으로는 다른 곳에 가기 어려운 사람들인 경우가 많다. 현재 조직에서의 위치와 영향력이 절실하니 이를 지키기 위한 판단과 선택을 하게 된다. 조직을 위한 판단과 선택이 아닌 자기 자신을 지키기 위한 선택이니 조직에 미치는 부정적인 영향력이 크다는 점에서 빨리 도려내야 하는 썩은 사과라고 할 수 있다.

자신의 의식 수준만큼 보인다

하지만 조직 인식 역량은 조직의 목표 달성을 위해 반드시 갖추어야 하는 역량으로, 확장된 사고를 하지 않으면 갖추기 힘든 역량이다. 전반적인 맥락을 파악하고 보이지 않는 부분까지 읽는 능력이기 때문이다. 글로벌 기업에 근무했을 당시에 본사 커뮤니케이션 본부에서 기확정된 조직 개편, 인사 이동, 큰 계약 건, 다른 조직의 인수합병 건, 조직 변화 등에 대한 공식적인 발표 내용을 담은 이메일이 모든 지사 임직원에게 전달되곤 했었다. 한국 지사와 직접 관련 있는 내용은 아니었지만 이메일 내용을 유심히 살펴보면 향후 어떤 방향으로든 우리에게도 영향을 미칠 것이라는 예측이 가능한 경우가 많았다. 현재 인사 이동이나 조직 개편 방향이 결국 마케팅이 아닌 관리적인 측면을 강화하려 한다는 것, 특정 기업 인수합병은 향후 우리 회사가 어떤 방향으로 나아가려 한다는 것, 해당 계열사 매각은 선택과 집중을 위한 일환이라는 것, 이번 계약 체결은 비즈니스를 어떤 방향으로 확장하려는 움직임인지와 같은 여러 가지 가능성을 예측하는 건 그리 어려운 일이 아니었다. 이런 것도 일종의 조직 인식 역량이다. 굳이 분석 단계까지 가지 않더라도 상황이 한눈에 들어오고 전반적인 흐름을 읽을 수 있기 때문에 향후 상황에 대한 대략적인 추론이 가능해진다.

하지만 이러한 역량은 단순히 경력이 쌓인다고 비례해서 향상되는 것은 아니다. 부서장의 위치에 있으면서도 이런 흐름을 읽는 직관을 갖추지 못한 경우도 많다. 보는 눈을 키우려면 끊임없이 어떤 현상에 대한 관찰, 사람에 관한 이해와 관심, 관점의 확장 등을 통해 시야의 폭을 넓혀야 한다. 2장에서 강조한 나무가 아닌 숲을 보기 위한 시스템적 사고, 메타인지, 자기 객관화를 근간으로 한 직관력과 밀접한 연관성이 있다. 이러한 사고 역량을 갖춘다는 건 결국 나의 의식의 수준이 그만큼 높아진다는 뜻이다. 높은 의식 수준을 갖추게 되면 그 수준에 걸맞은 사고를 한다. 하지만 그만한 사고 체계를 갖추지 못했는데도 중요성을 인식하고 변화하려는 노력 또한 하지 않는다면 늘 같은 수준에 머무를 수밖에 없다. 그런 사람들은 계속 그 수준에 머무른 사고만을 한다. 내가 갖추지 못한 커뮤니케이션 역량, 관계 형성 역량, 조직 인식 역량을 갖춘 사람을 오히려 '정치적인 사람'이라는 쉬운 말 속에 가두는 우를 범하게 된다. 내가 오랜 기간 현업에서 코칭 면담을 진행하면서 느낀 건 너무 낮은 의식 수준에 머물러 있는 사람에게 중요한 가치에 관해 설명하는 건 큰 의미가 없다는 것이었다. 그게 왜 중요한지에 대해 최소한 인식 정도는 해야 그다음 단계로 넘어갈 수 있는데 자신의 현재 위치와 상황에 대한 객관적인 인식이 부족하니 늘 제자리걸음이다. 협소한 사고 체계 안에 갇혀 있는데 본인이 그렇다는 걸 인식조차 하지 못하는 사람에게 변화를 기대하기란 어렵다. 인간은 자신의 의식 수준만큼 보게 된다. 높은 의식 수준을 가진 사람은 그 높이에서 세상을 바라보니 보이는 것이 더 많을 수밖에 없다. 의식 수준을 높이고 관점을 확장해 더 많은 걸 보는 연습을 해야 한다.

16 직급과 변화 가능성은 반비례다

변화 반응 곡선도 상황에 따라 다르다

변화에 대해 사람들이 보이는 일반적인 반응과 행동을 나타낸 '변화 반응곡선Change Curve' 모델이 있다. 처음 고안해 낸 정신과 의사 이름을 따 Kubler-Ross모델이라고도 부른다. 이는 죽음을 받아들이는 과정에서 환자들이 보이는 삶에 대한 변화 반응을 단계별로 나타낸 모델이다. 이 개념이 널리 받아들여지기 시작하면서 변화와 관련된 상황에 일반적으로 적용 가능한 모델로 평가받기 시작했다. 특히 조직과 연관된 변화 관리에서 참고자료로 많이 활용되고 있다.

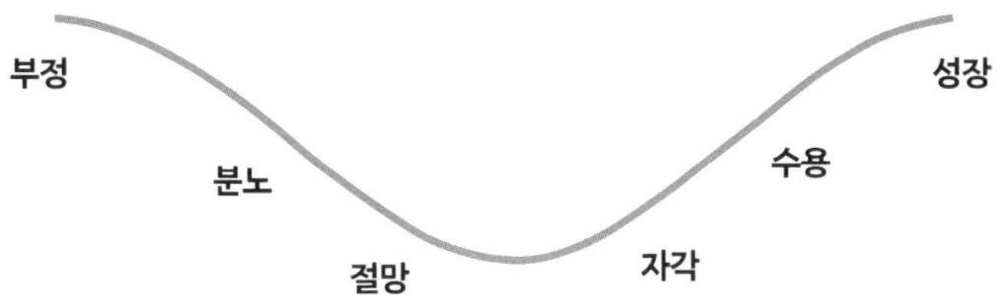

변화 반응 곡선

학자와 조직 이론가에 따라 특정 상황과 단계별 정의는 조금씩 변형될 수 있으나 대체로 변화에 대해 구성원들은 부정 - 분노 - 절망 - 자각 - 수용의 과정을 통해 이를 받아들이고 성장하게 된다는 내용이다. 하지만 개인의 특성과 기질에 따라 변화를 바라보는 관점은 모두 다르다. 변화 인식과 유연성이 뛰어난 구성원의 경우 변화의 필요성을 미리 인지하는 감지력이 있기에 앞단의 과정을 뛰어넘어 바로 수용 과정으로 넘어갈 수도 있다. 또한 변화 유연성이 당연한 조직은 수용 단계로 가는 단계가 줄어들거나 앞당겨질 수 있다. 예를 들면 IT 기반 산업처럼 빠른 변화가 일상인 곳은 애초 채용 시점부터 변화 인식과 유연성이 있는 직원을 채용하려고 한다. 안정적인 성향이 강해 변화를 좋아하지 않고 기존 방식을 유지하려는 관성이 강한 사람은 이런 조직 인재상에 맞지 않기 때문이다. 변화 유연성이 있는 조직은 애초에 그런 인재를 채용해서 운영할 가능성이 크기 때문에 마찬가지로

위 단계는 훨씬 축소될 수 있다.

하지만 큰 변화 없이 긴 시간 동안 비즈니스가 안정적으로 운영되어왔거나 장기 근속자가 많은 조직이 빠른 산업 환경 변화로 인해 갑자기 변화와 혁신을 수용하려 한다면 상황은 달라진다. 분명히 대부분의 조직 구성원이 앞서 언급한 변화 반응 곡선 모델의 반응을 보일 가능성이 크다. 하지만 그런 와중에도 구성원들 간 반응의 강도는 나뉠 것이다. 강하게 저항하며 불만을 드러내는 20퍼센트, 마음에 들지는 않지만 수동적으로 수용하는 20퍼센트, 그리고 무관심하거나 향후 상황을 지켜보려는 조용한 60퍼센트다. 물론 이는 예시일 뿐 비율은 조직과 조직 구성원의 특성에 따라 달라질 수 있다. 예시대로의 상황이라면 강하게 저항하는 20퍼센트가 지켜보는 60퍼센트에까지 영향을 미치지 않도록 조직은 변화 전략의 강약을 조절해야 한다. 그렇다고 해서 강약 조절에 너무 오랜 시간을 소요하면 안 된다. 침묵하는 60퍼센트를 얼마나 빨리 수용하는 영역으로 끌어들이느냐가 관건이다. 리더는 변화 필요성에 대해 강하고 일관성 있는 의지를 표명해야 한다. 변화는 수용의 문제가 아니라 조직의 존속에 관련된 문제이기 때문이다. 변화에 적응하는 조직만이 미래에도 존속 가능하다. 특히 코로나19라는 특수 상황까지 더해진 실제 위기라는 점에서 전체를 한 방향으로 정렬시키는 속도를 가속화해야 한다.

직급과 변화 가능성은 반비례 관계다

일단 '방'이 생기면 앞으로 변화는 기대하지 말아야 한다는 우스갯소리를 사석에서 몇 번 한 적이 있었다. 농담처럼 던진 이야기지만 함께 자리했던 지인들이 웃으며 고개를 끄덕거렸다. 이들 모두 직장에서 근무하고 있는 직장인이었다. 방이 생긴다는 건 조직에서 본부장이나 임원급쯤 됐을 때 가능하다. 보통 그 정도 위치가 되면 한 분야에 있어 조직 내에서 손꼽히는 전문가라고 할 수 있다. 많은 사람을 이끄는 리더의 위치에 있는 이들은 경험과 연륜에서 나오는 전문성을 가지고 있다. 하지만 더 이상 전문성이라는 건 계속해서 통용되는 가치가 아니다. 한 분야의 전문성이 가지는 가치와 유통기한이 점점 짧아지고 있기 때문이다. 100세 시대에는 일반적인 사람도 평균 3개 이상의 직업을 경험할 것이라는 통계가 있다. 직종·업종·산업군 간 경계가 점점 불분명해지고 있으며 코로나19 이후 이 속도는 점점 더 빨라질 것으로 예상된다. 이미 IT 기반 산업이 온라인 유통을 넘어 금융, 자동차, 교육 등의 영역에까지 진출했다. 그래도 아직까지는 일부에 머물렀다면 이제는 전 영역으로 빠르게 확산되고 있다. 바뀐 세상에 맞춰 세상은 빠른 속도로 대안을 내놓는다. 이런 시대에 한 직무에 대한 오랜 경험은 더 이상 자산이 아니다. 시간이 지날수록 지식이나 경험의 효용 가치가 떨어지는 지식 반감기 속도가 점점 빨라지고 있다.

지식 반감기 속도를 늦추려면 현재 나의 직무 전문성이 여전히 유효한지를 점검하고 변화 속도에 맞춰 새로운 것을 받아들여 직무와 직무 간의 교집합을 만들어야 한다. 이러한 변화는 하루아침에 일어난 일이 아니다. 이미 세상은 빠른 속도로 변화하고 있었다. 다만 코로나 이후 더 많은 사람이 피부로 느끼는 상황이 되었을 뿐이다. 준비되지 않은 사람은 당황스러울 수밖에 없는 세상이 본격적으로 시작되었다.

산업 환경 변화가 가속화되면서 조직에서 리더에게 원하는 가치도 변하고 있다. 예전처럼 직무 경력과 경험에서 오는 전문성이 아니라 시대의 흐름과 변화를 반영한 전문성과 리더십 발휘를 요구한다. 1장에서 직무 확장과 연결을 통해 직무 간 교집합을 만들 줄 아는 융복합형 인재, 변화에 대처하는 방식과 유연성을 가지는 변형 자산의 중요성을 강조했는데 이 가치는 리더에게도 적용된다. 미리 그 중요성을 감지하고 구성원이 변화 유연성을 가질 수 있도록 이끄는 역할을 해야 한다. 하지만 급속한 변화에 맞춰 조직원을 이끄는 직관력과 리더십은 단기간 노력한다고 해서 생기는 역량이 아니다. 스스로 변화의 중요성을 인식하고 받아들여 변화에 대한 경험치가 쌓여 있어야만 상황에 맞는 리더십을 발휘할 수 있다. 만약 큰 변화가 없는 안정적인 조직에서 한 분야의 전문가로서만 착실히 경력을 쌓은 사람이라면 변화가 필요한 상황이 와도 적극적으로 구성원을 이끄는 리더십을 발휘하기가 힘들다. 그간 내부 환경에만 충실했기 때문에 외부 환경 변화의 영향력이 본격적으로 내부로 잠식해 들어왔을 때 당황하게 된다. 변화해야 한다는 것을 인식하게 되었지만 변화할 역량과 이끄는 능력이 없기 때문이다. 변화 관리에 대한 판단력과 경험치가 없는데 갑자기 바뀐 환경에 맞춰 구성원들을 이끌려니 본인 자신이 가장 버겁다. 역량이 되지 않으니 오히려 변화에 저항하는 걸 택해 조직이 아닌 자신의 안위만 챙긴다. 방이 생기면 변하지 않는다는 건 이런 부분이다. 그 정도의 직급이 되었을 땐 이미 커리어가 완성된 단계다. 그런 단계에서 극적인 변화가 일어날 가능성은 거의 없다고 보아야 한다. 그나마 경력이 짧다면 조직에서의 교육, 조직 문화, 동료 집단, 상사의 리더십 등의 영향에 따라 변화할 가능성이라도 있지만 이미 커리어가 완성된 단계에서는 힘들다. 직급과 변화 가능성이 반비례라는 건 이런 의미다. 직급이 높아질수록 변화 가능성은 점점 줄어든다. 더 굳어지기 전에 변화에 유연한 사고로 전환해야 한다. 하지만 당신이 아직 직급의 피라미드 꼭대기에 도달하지 않았다면 여전히 가능성은 있다. 변화에 저항할 것이 아니라 변화에 맞춰 언제든 자신을 변화시킬 수 있는 셀프 트랜스포메이션 역량을 키운다면 말이다.

17 / 100세 시대의 워라밸, 단지 퇴근 후의 삶일까?

100세 시대의 사회적인 변화는 각 개인의 직무와 경력 관리에도 큰 영향을 미칠 수밖에 없다. 100세 시대에는 일반적인 사람도 평균 3개 이상의 직업을 경험할 것이라는 통계에서도 알 수 있듯이 직종, 업종, 산업군 간의 경계가 점점 불분명해지고 있다. 이제 한 직무에 대한 오랜 경험은 더 이상 자산이 아니며 오히려 경력 관리를 제대로 하지 못한 사람이라는 평가가 따를 뿐이다. 시간이 지날수록 지식이나 경험의 효용 가치가 떨어지는 지식 반감기 속도가 점점 빨라지고 있다. 이러한 속도를 늦추려면 계속해서 배우고 채워 지식 변화의 속도와 나의 지식의 간극을 메워 나가야만 한다. 그렇게 하지 않으면 과거 경험에서만 해결책을 찾게 된다.

100세 시대의 경력 관리 관점에서 봤을 때 20~30대가 가장 중요하게 생각하는 워라밸의 의미도 다른 관점에서의 고찰이 필요하다. 2018년, 종업원 300인 이상 사업장과 공공기관을 시작으로 실행된 주 52시간제가 2020년 1월부터 50~299인 사업장까지로 확대되었다. 사회 전반에 걸쳐 야근 문화, 회식 문화 등이 사라지고 월 1회 조기 퇴근, 중식 2시간 사용, 주 4.5일제, 근무 유연제 등의 복리후생제도를 도입하는 기업이 늘어나고 있다. 그만큼 워라밸은 선택이 아닌 필수가 되고 있다. 하지만 100세 시대 관점에서의 워라밸이 단순히 퇴근 후의 늘어난 여가 시간을 뜻하는 것일까? 취미 활동이나 친구나 가족과의 시간, 여행 등이 중요하지 않다는 말은 절대 아니다. 다만 여기에 한 가지 더 추가해야 될 사항이 있다. 바로 퇴근 후의 시간을 100세 시대를 위한 사전 준비 기간으로 활용해야 한다는 점이다.

직무 연결을 통한 교집합

조직론의 대가 린다 그래튼 교수는 100세 시대에는 유형 자산보다 무형 자산의 가치가 훨씬 더 중요하다고 이야기했다. 특히 무형 자산 중에서도 평생 자신을 변화시킬 수 있는 변형 자산은 요즘과 같은 시대에 중요성이 더욱 커질 수밖에 없는 부분이라고 생각한다. 예기치 않았던 코로나19라는 특수 상황으로 변화 속도와 방향이 달라졌음을 실제 생활에서 느끼고 있기 때문이다. 평생 자신을 변화시킬 수 있으려면 변화를 일상의 하나로 받아들이는 자세와 유연성이 있어야 하며 그러려면 확장된 사고를 해야 한다. 현재에만 집중하고 발 등의 불 끄기 바쁜 사람에게 변화란 언제나 번거로운 일이다. 하지만 그 번거로운 일이 미래에는 더 가치 있는 일이 될 가능성이 크다. 항상 차선으로 미루었던 그 변화를 위한 준비가 언젠가는 나의 미래를 바꿀 소중한 기회가 될 수 있다.

인생에는 당장 중요한 일이 있고 미래를 위해 지금부터 준비해야 할 일이 있다. 그 준비를 위해 가장 필요한 요소가 바로 변화 유연성이다. 앞으로는 한 직무에만 경력이 정체되어 있는 시간이 길어질수록 시장에서의 가치는 떨어진다. AI가 대체할 수 있는 직무가 무엇인지에 대해 고민하고 혹시라도 나의 직무가 대체될 가능성이 있다면 확장된 새로운 경험을 쌓아야 한다. 반드시 완전히 새로운 영역일 필요는 없다. 나의 직무와의 교집합이 있는 영역으로 조금씩 확장하고 경험치를 쌓아 나간다면 그 과정 중에 새로운 기회 요인이 보일 것이다. 자신을 환경 변화에 맞춰 변형하고 확장해 나가는 유연성을 갖춘 인재가 바로 요즘 강조하는 융복합형 인재, 크로스오버 인재가 아닐까? **조직은 각 직무의 전문가들이 모여 있는 곳이고 우리는 매일 그들**

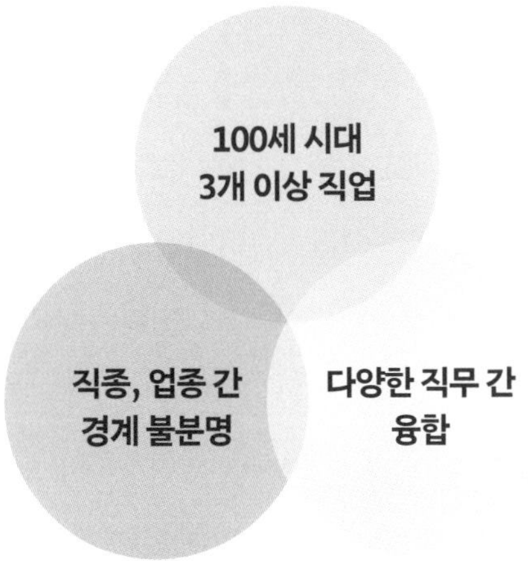

과 같은 공간에서 근무한다. 나의 부서 사람들만이 아닌 조직 안에서의 다양한 전문가들과 유기적인 교류를 통해 정보를 습득하는 것 또한 경력 관리이자 네트워킹이다. 보통 네트워킹이라 하면 외부 네트워킹을 먼저 생각하기 마련이다. 그러나 낯선 외부에서만 찾을 것이 아니라 내가 속한 곳에서부터 먼저 시작해 보자.

직무 확장을 통한 교집합

한 직무의 전문가는 100세 시대에 미래의 삶을 보장하는 보험이 되지 못한다. 한 분야에만 나의 전문성이 오랜 기간 고정되어 있을수록 미래에 나의 위치는 불투명해진다. 직종과 업종 간 다양한 경험을 해야 하며 직무 간에 융합점을 찾아 교집합을 만들어야 한다. 지금 근무하는 회사에서 다른 직무로의 배치 전환 기회나 프로젝트 참여 혹은 직무 확장 기회가 있다면 현재가 아닌 미래 관점에서 생각하고 판단하자. 내가 하는 직무 외에 어떤 직무가 추가될 때 나의 3년 후 혹은 5년 후의 경쟁력이 올라갈 수 있을까? 이런 관점에서 고민한다면 앞서 언급한 부분들이 과연 나에게 기회 요인인지 아니면 단순히 업무 증가일 뿐인지에 대한 답도 보일 것이다. 만약 이것을 기회 요인으로 잘만 활용한다면 나의 개인 시간과 사비를 들이지 않아도 되는 또 다른 의미의 경력개발이 되는 것이다. 조직에서의 시간을 최대한 효율적으로 활용해야 한다. 지금 현재 근무지를 나의 경력 개발과 성장의 도구로 삼는다면 나의 성장뿐 아니라 조직의 성장에도 도움이 된다. 조직은 능동적인 사고와 유연성을 갖춘 인재를 선호한다. 그런 조직 구성원이 많은 회사라면 조직도 자연스럽게 성장할 수밖에 없지 않을까? 개인 관점으로나 조직 관점으로나 이는 서로의 성장에 유익한 일이다. 자신의 이력서에 유사한 직무 경력자들과 차별화된 몇 줄 추가가 훗날 나의 경쟁력이 될 수 있다. 그러려면 나에게 주어진 기회를 알아보는 안목을 갖춰야 한다. 직무 확장을 통한 교집합 만들기는 미래를 위한 중요한 경력 관리다.

100세 시대의 워라밸

이처럼 100세 시대의 워라밸은 단순한 여가 활동만을 위한 시간이 아니라 경제 활동이 불투명해졌을 때를 대비해 사전 준비를 도모하는 시간이라는 개념도 포함해야 한다. 평생직장은 이미 사라진 지 오래다. 정년 또한 개인이 속한 조직 상황에 따라 다르다. 40대 이후면 언제든지 명예퇴직 대상이 될 수 있기에 직장에서의 삶과 퇴근 후의 삶을 제2의 경력 설계를 위한 예비 기간으로 활용해야 한다. 운이 좋아 60세까지 정년을 보장받는다면 그 이후의 삶에 대한 준비 기간이 되어야 할 것이다. 이제 변화는 일상이고 배움의 자세와 경험, 실행은 습관이 되어야 하는 시대다. 언급한 것처럼 변형 자산은 100세 시대의 경력 관리에 있어서 가장 중요한 요소다. 변화에 유연하게 대처하고 경력 이동에 도움이 될 기회를 놓치지 않는 직관은 더는 선택이 아니다. 생존을 위한 필수다. 내용을 다시 한번 요약하면 100세 시대의 경력 관리를 위해 우리는 **첫째, 자신을 스스로 확장하고 새로운 지식과 경험을 습득하여 자산화해야 한다. 둘째, 워라밸은 단지 퇴근 후의 삶이 아니라 나의 경력에 예기치 못한 상황이 발생했을 때를 대비한 플랜B 준비 기간이기도 하다. 셋째, 유형 자산뿐 아니라 무형 자산의 중요성을 인지하고 투자하는 시간을 늘려야 한다. 그리고 이러한 준비는 내일이 아닌 바로 오늘부터여야만 한다.**

18 플랜B까지 생각하는 퍼스널 브랜딩

퍼스널 브랜딩 시대

조직은 직종·업종 간 다양한 경험과 직무 간 융합점을 찾아 교집합을 만드는 활용의 장이 되어야 한다. 또한 100세 시대의 워라밸을 단지 퇴근 후의 삶이 아닌 나의 경력에 예기치 못한 상황이 발생했을 때를 대비한 플랜B를 준비하는 기간으로 활용해야 한다. 그러려면 새로운 지식과 경험을 습득하여 자산화하려는 노력이 필요하다. 퍼스널 브랜딩Personal Branding이라는 표현이 있다. 말 그대로 자기 자신을 브랜딩하는 것이다. 어떤 분야에서 자신의 가치를 차별화하는 일련의 과정을 통해 그 분야에서만큼은 전문가로 인식되게끔 하는 활동을 말한다. 요즘 시대에 조직 내에서 혹은 내가 속한 산업군만을 대상으로 하는 건 너무 좁은 의미의 퍼스널 브랜딩이다. 경험과 직무 간 교집합을 만들고 나의 경력의 예기치 못한 상황을 대비한 플랜B를 준비하려면 이걸로는 부족하다. 이제 직장은 우리가 계속해서 머무르는 종착역이 아니다. 오히려 계속해서 바뀌는 경유지에 가깝다. 40대 중반 이후 조직 내에서 대단한 신임을 받는 리더가 아니라면 자신의 위치에 불안함을 느낀다.

이처럼 고용 자체가 불안한 요즘 같은 시기에는 플랜B까지 염두에 두고 좀 더 미래 지향적인 퍼스널 브랜딩 계획을 구체화해야 한다. 내가 조직에 계속해서 머무를 거라는 막연한 긍정주의는 위험하다. 언제든 조직을 떠날 상황은 발생할 수 있다는 가정하에 플랜B까지 생각하는 현명함이 필요하다. 이제 우리는 현재에만 충실한 삶을 살아서는 40대 중반 이후의 삶을 보장받을 수가 없다. 100세까지 인간으로서의 존엄성을 지키는 삶의 질까지 생각한다면 미래 관점에서 현재를 바라보고 계획을 설계해야 한다. 그러려면 자는 시간을 제외하고 우리가 가장 긴 시간을 보내는 조직의 의미에 대해 다시 생각해 보아야 한다. 이곳에서의 시간을 단순히 주어진 일만 하며 흘려보내서는 안 된다. 조직에 의해 소진되는 존재가 아니라 조직에서의 시간을 활용하는 사람이 되어야 한다.

아날로그 업글인간에서 벗어나라!

『트렌드 코리아 2020』(김난도 외 8명, 미래의창, 2019) 키워드 중 하나가 바로 '업글인간'이다. '업글'은 '업그레이드'를 줄인 말이다. 지식 성장을 위한 업글 소비가 만약 직무 역량 개발 차원에서 이루어졌다면 퍼스널 브랜딩 관점에서 바라볼 때 다음 두 가지로 나뉜다. 바로 '아날로그형 자기계발'과 '크리에이터형 자기계발'이다. 지식 성장을 위한 업글 소비 후 활용 역량에 따른 구분이다. 돈을 내고 무언가를 배우는 건 활용하기 위함이다. 무엇을 배웠는지가 아니라 어떻게 활용할 것인지가 중요하다. 스스로 다음과 같은 질문을 해 보자.

나는 지식의 성장을 위한 업글 소비 후

- 배운 것을 현업에서 활용했나?
- 스스로 콘텐츠를 기획했나?
- 기획한 콘텐츠를 업로드(배포)했나?

위 세 가지 중 그 어떤 것에도 해당하지 않는다면 아날로그형 자기계발이다. 배운 것을 현업에서 활용한다면 한 단계 더 나아간 거다. 예전 같으면 현업에 활용하는 것만으로도 충분했다. 하지만 요즘과 같은 퍼스널 브랜딩 시대에는 배운 지식을 재해석하고 자신의 경험을 녹여 이를 바탕으로 콘텐츠 기획까지도 가능해야만 한다. 글이나 문서, PPT, 카드뉴스, 영상 등 형식은 관계없다. 가장 본인이 자신 있는 방식으로 콘텐츠를 기획하면 된다.

퍼스널 브랜딩에서 가장 중요한 마지막 단계, 콘텐츠 배포

콘텐츠를 기획 후 마지막으로 수행해야 할 최종 단계는 콘텐츠 배포다. 배포를 위해서는 플랫폼 활용이 중요하다. 블로그(네이버블로그, 다음티스토리, 카카오브런치, 워드프레스)를 활용할 수도 있고 인스타그램, 페이스북, 링크드인, 혹은 유튜브가 될 수도 있다. **100세 시대에는 사적인 용도의 SNS 외에 콘텐츠 생산자로서의 SNS 활용이 필요하다. 기획한 콘텐츠를 다양한 SNS 플랫폼을 활용해 나를 알리는 자기 브랜딩 수단으로 사용하는 크리에이터형 자기계발은 지금 당장이 아닌 미래를 위한 투자다.** 꾸준한 크리에이터형 자기계발로 콘텐츠 생산자로서의 역량을 개발해야 한다. 이렇게 쌓인 나만의 콘텐츠는 내 주제에 관심을 가지는 사람과 연결되고 어쩌면 미래에 있을지 모를 또 다른 기회와도 연결된다. 회사 지원 시 이력서라는 한정적인 지면에서 보여 주지 못하는 '나'를 좀 더 효과적으로 알리는 수단으로 활용할 수도 있다.

다만 중요한 건 재직자의 경우 SNS를 활용한 퍼스널 브랜딩이 조직의 이익과 상충하거나 기밀 유지에 어긋나지는 않는지 미리 확실히 해 둘 필요가 있다. 직무와 관련된 조직원의 지식과 기술은 조직 측면에서 보면 공공재이기도 하다. 또한 SNS로 나를 드러낸다는 건 나의 소속이 밝혀질 가능성도 내포하고 있으므로 민감한 부분은 미리 알아두는 것이 좋다. SNS는 개인의 공간이지만 내가 소속된 조직이 노출될 경우 기업의 이미지와도 관련이 있기 때문이다. 이런 이유로 인터넷이나 SNS 관련 정책 규정이 별도로 마련되어 있는 기업들도 많다. 문제가 될 소지가 조금이라도 있는 부분은 미리 피하거나 이를 고려한 대안을 세우는 것이 현명하다.

19 인생의 필살기, 셀프 트랜스포메이션

디지털 노마드, 경제적 자유, 파이프라인

조직과의 연장선상에서 플랜B를 고민한다면 좀 더 친숙해져야 할 용어가 몇 가지 있는데 예를 들면 디지털 노마드, 경제적 자유, 파이프라인 같은 용어다. '디지털 노마드'는 인터넷과 업무에 필요한 각종 기기, 작업 공간만 있으면 시간과 장소에 구애받지 않고 일할 수 있는 디지털 유목민을 말한다. 디지털 노마드의 궁극적 목표는 경제적 자유를 얻기 위한 파이프라인 구축인데 여기서 파이프라인이란 지속적으로 수익이 발생하는 다양한 경로를 마련하는 걸 뜻한다.

쉽게 설명하면 내가 들인 시간과 노동의 대가인 급여 외에 지속적인 잉여 소득이 창출되는 길을 구축하는 걸 의미한다. 한 번 구축한 파이프라인은 나의 추가적인 시간과 노동 없이도 저절로 돈을 벌어들인다. 유튜브나 블로그 애드포스트 등을 통한 광고 수익, 인세 수익, 주식이나 부동산 투자 등으로 인한 수익 등이 이에 해당한다. 파이프라인을 구축해 두면 피치 못할 사정으로 직장을 퇴사한 후 다른 준비를 위한 휴식기가 길어질 경우에도 마음 든든한 나만의 보험이 된다. 물론 조직 생활을 하며 이런 준비까지 하려면 부지런함과 인내심은 필수다. 개인 시간을 들여 꾸준하게 콘텐츠를 생산하고 배포하는 일이나 재테크나 투자 정보를 공부하고 실행하는 일 모두 생각보다 많은 노력과 시간이 소요된다. 하지만 오랜 시간에 걸쳐 차곡차곡 쌓인 나의 꾸준함이 지금 당장은 아니더라도 언젠가는 나에게 강력한 무기가 된다. 여러 번 강조했듯이 미래를 위한 준비는 항상 내일이 아닌 오늘부터다.

정보의 부익부 빈익빈은 개인의 책임이다

자기계발과 투자에는 기본적으로 시간과 비용이 들어간다. 하지만 조금만 부지런하면 큰 비용 들이지 않고도 정보를 얻고 배울 수 있는 플랫폼이 다양하다는 걸 알 수 있다. 유튜브, 블로그, 온라인 카페 등을 통해 누군가의 노하우를 무료로 배울 수도 있고 자신의 재능을 사고파는 탈잉, 크몽, 오투잡 같은 온라인 플랫폼이나 클래스101과 같은 온라인 클래스 플랫폼을 통해 교육을 받을 수도 있다. 여성들의 커리어 성장 플랫폼인 헤이조이스, 빌라선샤인같이 다양한 프로그램을 제공하는 유료 멤버십 커뮤니티도 있다. 관심을 가지지 않으면 다양한 형태로 존재하는 많은 것들을 놓치는 정보 무식자가 된다. 개인의 호기심 여부는 정보의 부익부 빈익빈 현상에도 영향을 미친다. 대상이 물질이 아닌 정보이니 원인과 책임은 개인에게 있다. 정보를 검색하는 건 돈이 들지 않는다. 하지만 호기심과 자기계발 의지 자체가 없다면 많은 것을 놓치게 된다. 존재 정도는 알아야 활용이라도 하는데 그런 것이 존재하는지조차 몰라서 경험하지 못한다면 얼마나 손해인가?

이제는 전문성과 인지도가 비례하지 않는 시대가 되었다. 많이 아는 것도 중요하지만 이에 못지않게 퍼스널 브랜딩의 중요성이 점점 커지고 있다. 퍼스널 브랜딩을 위해서는 나의 지식으로만 머물러 있는 것들을 콘텐츠로 기획하고 SNS 등을 활용해 배포하는 콘텐츠 생산자로서의 실행력을 높여야 한다. 또한 양질의 콘텐츠를 생산할 수 있도록 주제에 대한 깊이를 쌓는 노력도 병행해야 한다. 오랜 시간의 꾸준함은 바로 깊이에서 나온다. 콘텐츠 생산자로서 내가 생산한 지식이 진정성을 가지려면 '진짜' 전문가가 되어야 한다. 온라인상에는 얕은 지식을 바탕으로 수익화하는 데만 에너지를 쏟는 가짜 전문가가 너무 많다. 오랜 시간이 걸리더라도 꾸준하게 자신의 깊이를 확장해야 한다. 지식에도 진정성이 필요하기 때문이다.

퍼스널 브랜딩에 대해서는 나 역시도 오랜 시간 동안 반쪽 자리에 그쳤었다. 끊임없이 '업글'해서 지식을 자산화했고, 콘텐츠 기획 후 현업에서 적극적으로 활용도 했다. 하지만 자산화된 지식이 현업에만 머물렀다. 내가 하지 않았던 단 한 가지는 바로 업로드(배포)다. 기껏 기획을 해 놓고 브랜딩화하지 않은 것이다. 퍼스널 브랜딩을 하는 방법에는 여러 가지가 있지만 그중 소셜미디어는 가장 접근이 쉬운 플랫폼이다. 내가 놓친 것은 SNS 활용이었다. 경험이 자산인 시대에 그동안 누구보다 많은 경험을 하고 교육 중독에 가까울 정도로 많은 걸 배우고도 기록으로 남기지 않았다. 기록으로 남기는 과정이 얼마나 사고를 확장하는지 블로그와 브런치를 통해 꾸준히 글을 쓰면서 알게 되었다. 머리에만 담아 두는 것과 그것을 글로 정리해 기록으로 남기는 건 전혀 다르다. 내가 가진 콘텐츠를 알리고 배포하는 데 소홀했다는 점에서 그동안은 나 역시 반쪽짜리 퍼스널 브랜딩이었지만 그래도 오랜 기간에 걸쳐 꾸준히 쌓인 지식 자산화와 지식 콘텐츠화의 결과물은 이 책을 집필하는 데 큰 도움이 됐다.

인생의 필살기, 셀프 트랜스포메이션

셀프 트랜스포메이션은 사고 체계와 밀접한 연관성이 있기에 단지 조직이라는 공간에서만 적용되는 역량이 아니다. 우리의 삶 전반에 걸쳐 영향력을 미친다. 특히나 변화 유연성과 자기 주도성은 셀프 트랜스포메이션의 핵심이기에 코로나19와 같은 위기상황에서도 헤쳐 나갈 수 있는 자신감의 근원이 된다. 또한 조직에서의 삶뿐 아니라 미래를 준비하는 개인 삶의 영역 역시 단단해진다. 100세 시대를 살아가야 할 우리에게 코로나19는 힘들게 겪어 내야 할 과정 중 하나에 불과하다. 코로나19가 종식된다고 해도 향후 또 어떤 위기가 우리에게 찾아올지는 아무도 모른다. 빠른 속도로 빅 리셋에 들어간 사회 구조와 산업 생태계에 맞춰 우리 역시 셀프 트랜스포메이션 사고 체계로 자신을 전환하는 빅 리셋을 서두른다면 향후 다른 변화나 위기상황이 발생했을 때 지금과 같은 정도의 빅 리셋은 필요치 않다. 이미 상황에 대응해 완충 작용을 할 셀프 트랜스포메이션 사고 체계를 갖춘 후이기 때문이다. 사고 체계가 내재화되면 쌓이는 시간에 비례해 셀프 트랜스포메이션 역량도 더욱 견고해진다.

PART 4

조직의 셀프 트랜스포메이션

01 / 임파워먼트도 쌍방향이다, 리더의 조건

3장에서 셀프 트랜스포메이션 역량을 갖춘 조직 구성원의 주요 특징과 역량이 무엇인지 설명했다. 4장에서는 조직의 셀프 트랜스포메이션을 다룬다. 포스트 코로나 시대에 조직이 셀프 트랜스포메이션을 위해 중요하게 생각해야 할 가치는 무엇이며 어떤 준비를 해야 하는지 살펴보겠다.

계속해서 성장하는 글로벌 기업이 갖는 특성은 여러 가지가 있겠지만 그중 하나가 임파워먼트 즉, 권한 위임이다. 이는 세계적인 기업인 아마존, 구글, 테슬라에 입사해 직장 생활을 했던 이들이 공통적으로 강조하는 부분이기도 하다. 계속해서 성장하는 조직은 계속해서 성장하는 직원을 원한다. 성장과 변화는 지속해서 움직이는 동적인 의미를 담고 있다. 정체된 안정성과는 상반된 개념이다. 국내 대기업이나 중견기업의 경우 직급별 보고 체계와 권한이 정해져 있고 완벽한 프로세스라는 톱니바퀴 아래 빈틈없이 움직이지만, 빠르게 변화하는 콘텐츠를 다루는 글로벌 기업의 경우 직급에 관계없이 조직 구성원이 주도적으로 업무를 진행할 수 있는 권한을 준다. 국내 대기업처럼 수직적인 직급별 보고 체계가 아니니 의사 결정이 빠를 수밖에 없다. 속도에서 뒤처지는 건 시장에서의 경쟁에서 밀리는 걸 의미한다. 특히 아마존이나 구글처럼 전통적인 파이프라인 기반이 아닌 플랫폼 기반의 비즈니스를 근간으로 한 기업은 더욱 그렇다.

근속 연수와 관계없이 각 조직원에게 실력을 발휘할 수 있는 권한이라는 판을 깔아주는 건 속도를 중시하는 글로벌 빅테크 기업들의 특징이다. 하지만 직무 권한을 갖고 일한다는 건 부분이 아닌 전체를 보는 확장된 사고를 바탕으로 한 자기 주도성이 있어야만 가능한 일이다. 직무의 일부분이 아닌 전체를 관장해야 하기 때문이다. 이러한 사고를 통해서만 전체적인 맥락에서 각 변수간 인과 관계까지 고려하는 시스템적 사고가 가능해진다.

나무가 아닌 숲을 보는 법

나무가 아닌 숲을 볼 줄 아는 인재 육성에 가장 중요한 요소 중 하나가 임파워먼트다. 유능한 상사일수록 임파워먼트를 중요하게 생각한다. 중간매니저 이상의 관리자급이 되면 더 이상 나의 직무 성과만 중요한 것이 아니다. 인재 관리와 육성 또한 관리자급의 당연한 역량 중 하나로 추가된다. 내가 근무했던 음악 회사는 특히 더 임파워먼트의 중요성을 강조하는 곳이었다. 입사한 지 얼마 안 된 신입 사원들도 부서별 마케팅 회의에 참석했고 대표와 임원이 모두 있는 자리에서 담당 아티스트에 대한 마케팅 플랜을 직접 발표했다. 처음부터 그랬던 것은 아니다. 임파워먼트를 중요하게 생각하는 대표님이 부임한 후부터 회의 형식이 모두 바뀌었다. 각 부서별로 부서장과 차선 정도만 참석했던 회의에 사원까지 전원 참석하게 되었고 직급에 관계없이 실제 현업 담당자가 직접 발표를 도맡았다. 가끔 상사가 중간에 부하 직원을 대신해 설명하려고 하거나 개입하면 바로 대표님이 제지했다. 상사는 조력자이지 발표의 주관자가 아니기 때문이다. 직원들이 실제 업무의 A부터 Z 중 일부가 아닌 전체의 흐름을 파악하고 관장하는 기회를 갖는다는 건 큰 동기부여 요소다. 하지만 부하 직원에게 권한을 위임하기 전에 반드시 알아 두어야 할 몇 가지 사항이 있다.

첫 번째, 임파워먼트는 책임 전가가 아니다. 권한에 따르는 책임까지 부하 직원에게 온전히 맡기는 것이 아니라 '책임은 내가 질 테니 한번 해 봐'라는 태도에 가깝다. 쌍방 간에 신뢰를 형성하는 것이 중요한 이유가 바로 이 때문이다. 평소 상사의 모습에서 부하직원이 신뢰감을 느끼지 못했다면 책임질 테니 한번 해 보라고 해도 이를 온전히 믿기 힘들다. 제대로 된 임파워먼트가 이루어지려면 상사도 그럴 만한 그릇이 되어야 한다. 신뢰 관계가 바탕이 되지 못한 임파워먼트는 결국 형식에 그치기 쉽다. 그런 의미로 리더는 인간적인 매력이 있는 사람이어야 한다. 조직에서의 인간적인 매력은 착한 상사를 의미하는 게 아니다. 역할에 맞는 역량, 리더십, 존재감을 가지면서도 사람에 대한 이해, 제대로 파악할 줄 아는 직관과 감지성도 있어야 한다.

두 번째, 권한 위임을 한다며 부하 직원의 능력 범위 내의 일만 시키는 것도 제대로 된 임파워먼트가 아니다. 능력 범위 내의 일만 맡기면 성장과 확장으로 이어지지 않는다. 부하 직원이 동기부여가 될 수 있도록 도전의식을 느낄 수 있는 일에 권한을 위임해야 한다. 내가 하기 싫고 귀찮은 일을 시키는 것이 아니라 책임을 느낄 수 있는 중요한 일을 지시하는 것이다. 스스로 주인 의식을 느낄 수 있게 해 주어야 한다.

세 번째, 부하 직원에 따라 권한 위임의 정도를 조절할 줄 알아야 한

다. 상대에 따라 단계별로 차등 적용해야 한다는 의미다. 그러려면 일을 온전히 맡기기 전에 부하 직원의 동기부여 수준 정도를 정확히 파악하고 있어야만 한다. 직무 능력과 기술 역량 정도를 함께 고려해야 함은 물론이다. 자신의 능력치를 넘어서는 도전적인 일에 동기부여를 받는 사람이 있고 조금만 넘어서도 부담스러워하는 사람이 있다. 임파워먼트는 맡기고 내버려 두는 것이 아니라 과정을 조용히 지켜보는 것이다. 낄 때 끼고 빠질 때 빠질 줄 알아야 한다. 권한과 책임을 부담스러워하는 사람에게는 적정선의 지침을 제시하고 중간중간 피드백을 주는 게 좋다. 반면에 알아서 잘하고 있는 사람에게는 간섭 횟수를 줄이는 게 효과적이다.

네 번째, 기다림의 미덕이 필요하다. 완벽주의자 상사일수록 권한 위임을 더 어려워한다. 본인의 눈높이에는 그 누구도 성에 차지 않기 때문이다. 내가 하면 하루 만에 끝날 걸 부하 직원에게 맡기면 기한이 늘어난다고 생각하는 경우가 대부분이다. 완벽주의자 성향의 상사는 간섭이 생활화되어 있다. 자신의 성에 찰 때까지 사소한 것까지 간섭하고 통제한다. 이런 성향의 리더에게 가장 어려운 것이 임파워먼트다. 본인은 인재 육성을 위해 부하 직원을 가르치는 거라고 생각하지만, 실은 주인 의식이 아닌 의존을 가르치고 있는 건 아닌지 생각해 보아야 한다.

02 임파워먼트도 쌍방향이다, 직원의 조건

조직 구성원은 스스로 결정할 능력을 가진 주체다. 하지만 이런 인식의 출발이 가능하려면 중요한 한 가지 조건이 수반되어야만 한다. 어쩌면 가장 중요한 부분인지도 모른다. 바로 권한을 위임받는 대상이 그럴 만한 그릇이 되어야 한다는 점이다. 아무리 좋은 개념도 엉뚱한 곳에 적용하면 기대한 만큼의 결과치가 따라오지 않는 법이다. 임파워먼트에 있어서 상사의 역할이 더 중요하기는 하지만 결국은 이 역시도 쌍방향이다. 권한을 넘겨받아야 하는 대상이 기본적인 그릇을 갖추지 못했다면 들인 시간과 쏟는 에너지 대비 가성비가 떨어지는 결과를 마주하게 된다. 권한을 위임하는 주체의 역량과 권한을 위임받는 대상의 역량의 이상적인 비율은 6:4 정도다. 위임하는 주체뿐 아니라 위임받는 대상의 역량 또한 중요하다. 역량이 되는 사람에게 권한 위임 시 효율은 제곱이지만 반대의 경우는 오히려 마이너스가 될 수도 있다. 후자는 위임받은 권한을 제대로 활용하지 못하거나 오히려 부담스러워하기 때문이다.

될성부른 나무가 되기 위한 조건

그렇다면 권한을 위임받는 대상은 어떤 인재가 되어야 할까? 권한 위임이란 한마디로 조직이 관리와 감독을 줄이고 조직원에게 의사 결정 권한을 부여하는 것이다. 권한을 위임받은 조직 구성원은 조직 성과와 목표 달성을 위해 주도적으로 의사 결정을 하고 문제를 해결하는 주인 의식을 발휘해야 한다. 그러므로 권한을 위임받은 대상이 갖춰야 할 가장 중요한 요소는 바로 자기 주도성을 바탕으로 한 판단력과 문제 해결 역량이다. 앞서 빠른 판단력과 문제 해결력의 근간이 고도화된 직관력이라고 강조했었다.

앞서 설명한 것처럼 직관력이라는 건 단지 타고나는 감이나 촉이 아니다. 어느 정도 타고 나는 부분과 학습과 경험을 통해 더 높은 수준으로 개발될 가능성을 함께 가지고 있는 개념이다. 하지만 경험을 통한 훈련으로 직관력이 개발될 기회를 전혀 부여받지 못했다면? 학창 시절부터 대학 때까지 인생에 있어 크고 작은 결정을 내릴 때 늘 누군가의 조언이나 지시에 의존했다면? 공부 잘하는 모범생으로서 부모의 뜻을 거역하지 않는 안전한 선택만 해 왔다면? 냉정하게 들릴지도 모르지만 애초에 셀프 트랜스포메이션형 인재와는 거리가 멀다. 언제나 부모님의 선택을 따르고 거역하지 않는 수동적인 삶을 살아왔다면 의사 결정과 문제 해결 역량을 개발할 기회조차 없었다는 걸 의미한다. 자신의 의사대로 선택하고 문제를 해결한다는 건 이에 따르는 위험부담도 내가 짊어진다는 의미다. 과감함과 용기가 필요한 일이다. 살면서 이런 경험을 거의 해 보지 못한 사람이 상황에 맞는 합리적인 판단을 할 가능성은 적다.

작년 즈음 지인에게 놀라운 이야기를 들은 적이 있다. 지인이 근무하던 기업에서 공채 채용 면접이 진행되는 날이었는데 꽤 큰 기업이다 보니 100명 이상의 지원자 면접을 진행해야 하는 상황이었다. 당일 오전부터 시작된 면접은 점심시간 이후까지 계속되었다. 면접이 오후까지 진행된다는 걸 알게 된 지원자의 부모가 기업에 직접 찾아와 밥도 안 먹이고 면접을 진행하는 것에 대해 직원에게 항의를 했다고 한다. 놀라운 건 그런 부모가 한두 명이 아니었다는 것이다. 자녀가 스스로 헤쳐나가야 할 순간을 부모의 사랑이라는 명분으로 가로막는 건 자녀가 스스로 단단해질 기회 자체를 차단하는 것이다. 굳은살을 미리 들이고 마음의 근육을 일찍 단련할 수 있도록 한 발자국 떨어져 응원하는 시선과 마음을 담은 적절한 방임이 오히려 자녀를 자기 주도적 인간으로 성장시킨다. 대신 살아줄 게 아니라면 자신의 삶을 살 수 있는 어른으로 대해야 한다. 한 번도 성인으로서의 삶을 존중받지 못한 사람이 어떻게 조직에서 자신의 존재감을 드러낼 수 있을까?

채용은 가장 중요한 직원 육성의 출발점

임파워먼트도 결국 쌍방향이다. 부하 직원을 관리하고 육성할 책임은 상사에게 있다. 임파워먼트를 통한 권한 위임은 그래서 중요하다. 또한 적절하게 권한이 위임되어야 상급자도 좀 더 상위 단계의 업무에 집중할 수 있다. 그렇지 않으면 상급자는 계속해서 실무에만 매달리게 된다. 권한을 넘겨받는 대상도 자격을 갖추어야 한다. 자기 주도성을 바탕으로 한 판단력과 문제 해결력이 필요하다. 자격을 갖춘 상급자가 자격을 갖춘 하급자에게 위임해야 좋은 결과로 이어진다. 두 가지 요건이 갖추어지지 않은 상황에서의 권한 위임은 공염불에 그칠 뿐이다. 어느 한쪽의 결격사유가 너무 큰 상황에서 다른 쪽에만 책임을 물을 수는 없지 않나? 상사의 역할이 더 중요한 건 맞지만 부하직원도 기본 역량을 갖추고 있어야 한다.

이는 결국 직원 채용과도 직결된다. 면접에서 직무 역량이나 기술 역량만이 아닌 역량 구조의 내면에 자리한 지원자의 특질과 가능성을 얼마만큼 파악하느냐가 관건이다. 실무에 투입했을 때 업무 적응이 빠른 지원자가 당장은 도움이 되겠지만, 장기적 관점에서 봤을 때 조직 문화와 핵심 가치에 얼마큼 일치하는 지원자인지가 더 중요하다. 아마존에서 '바 레이저Bar-Raiser'라는 독특한 방식으로 지원자가 아마존 문화와 리더십 원칙에 맞는 역량을 갖추었는지 검증하는 것은 그런 이유다. 지원자가 아마존의 능력 기준치를 떨어트린다고 판단될 때 바 레이저는 채용에 대한 거부권을 행사할 수 있으며 이는 임원도 기각할 수 없다. 구글이 직원 교육보다 채용에 더 사활을 거는 것도 마찬가지다. 아무리 기술 역량이나 직무 역량이 뛰어나도 조직 철학과 문화에 맞지 않는 직원은 결과적으로 핵심인재로 성장할 수 없다는 경험을 통한 깨달음이다. 직원 교육에 투입되는 시간과 비용을 채용에 투자하게 된 이유도 이러한 시행착오를 겪은 후 자리 잡은 인재 육성 원칙이라고 한다.

직원 육성의 가장 중요한 출발점은 입사 후의 교육이나 훈련이 아니라 채용에서부터 시작한다는 걸 조직의 경영진과 리더들은 명심해

야 한다. 직무 기술이나 스펙 등에 치우쳐 정작 중요한 가치를 놓쳐서는 안 된다. 면접에서 철저히 가려야 할 건 아직도 '어른아이'를 벗어나지 못한 의존형 직원들이다. 자기 주도적 삶을 살았던 사람이 기업에 들어와서도 자기 주도적 인재가 될 가능성이 크다. 그들은 자신의 결정에 자신감이 있다. 이 자신감은 막연함이 아닌 자신의 판단력에 대한 믿음에서 온다. 그리고 이 믿음은 지금까지 살아오면서 스스로 학습하고 경험한 의식과 무의식 속에 자리한 심리 기제라고 할 수 있다. 조직은 어른으로 대할 수 있는 자기 주도적 인재가 필요한 곳이지 채용 후 어른으로 만들기 위한 교육을 하는 곳이 아니다. 바로 투입해 시작할 수 있는 이미 준비된 사람을 채용해야 한다. 사람을 고쳐 쓰려 하지 말고 애초에 그럴 만한 사람을 채용해야 제대로 된 임파워먼트를 진행할 수 있다.

03 마이크로매니저가 조직을 망친다

임파워먼트형 리더와 가장 상반되는 리더형이 바로 마이크로매니저Micromanager다. 마이크로매니저의 '마이크로Micro'는 '아주 작은' '극소의'라는 뜻이다. 아주 작은 부분까지 지나치게 간섭과 통제를 하며 자신의 방식을 강요하는 마이크로매니저는 부하 직원의 자율성과 권한을 인정하지 않는다. 스스로는 업무를 위임했다고 하지만 실상 끊임없이 개입하고 모니터링한다. 더 큰 문제는 대부분 스스로가 마이크로매니저라는 사실을 인정하지 않는다는 것이다. 마이크로매니저 중에는 의외로 워커홀릭이거나 완벽주의자인 경우가 꽤 많다. 권한을 위임해야 하는 부분까지 모두 본인이 챙기니 실무에서 벗어나지를 못한다. 그리고 자신이 자리를 비우면 큰일이 난다고 생각한다. 리더가 자리를 비웠을 때 정말 큰일이나 사고가 터진다면 그건 권한 위임을 전혀 하지 않고 있다는 뜻이다. 리더의 가장 중요한 덕목 중 하나가 부하 직원을 좋은 관리자로 성장시키는 것이라는 걸 망각해선 안 된다. 성장하려면 의사 결정력과 문제 해결력을 갖춰야 하는데 마이크로매니저가 이를 발휘할 기회를 막고 있다면 잠재된 역량이 개발되기는커녕 퇴화하는 거나 다름없다.

마이크로매니저가 조직의 미래에 치명적인 이유

직장 상사 유형을 똑부, 똑게, 멍부, 멍게 네 가지로 나누는 상사 분류법에 대해 들어본 적이 있을 것이다. 처음에는 그저 재미있다고만 생각했는데 HR 담당자 입장에서 보면 꽤 근거 있는 분류다. 가장 최악의 상사는 '멍부(멍청하고 부지런한)'다. 고지식하고 말이 안 통하는 유형인데 부지런하다 보니 일은 계속 많아지고 복잡해진다. 일의 효율이 가장 떨어지는 유형이다. 약간 의외다 싶은 유형이 '똑부(똑똑하고 부지런한)' 상사다. 부하 직원이 똑부라면 이상적일 수 있지만, 상사가 똑부일 경우 완벽주의자에 워커홀릭인 상사의 기대치에 부합하는 직원이 되는 건 결코 쉬운 일이 아니다. 이 유형의 상사는 자신의 기준에 맞춰 부하 직원을 평가한다. 마이크로매니저는 아마도 똑부 상사에 가까울 것이다. 물론 좋게 평가했을 때 그렇다는 말이고 사실 부하 직원 입장에서는 멍부라고 생각할 수도 있다. 똑부든 멍부든 부하 직원 입장에서는 최악의 상사 유형이다.

마이크로매니저는 구성원의 사기를 떨어트리는 건 물론이고 구성원 스스로 의사 결정력과 문제 해결력을 발휘할 가능성을 애초에 차단해 버린다. 구성원을 리더로 성장시켜야 할 관리자의 책임을 망각한 채 리더에 대한 신뢰가 아닌 의존을 가르치는 것과 다름없다. 자기 동기부여, 잡 크래프팅, 주도적 성향이 강한 구성원은 마이크로매니저 밑에서 근무할 경우 반발심만 커진다. 이런 직원들은 자신의 강점을 인정해 주는 다른 기회를 찾게 되고 결국 마이크로매니저 밑에는 그런 상사의 성향을 감당할 수밖에 없는 수동적이고 의존적인 부하 직원들만 남을 가능성이 크다. 조직의 미래에는 치명적이다.

리더는 구성원에게 권한을 위임하여 그들이 독립적이고 주체적으로 일할 수 있도록 해야 한다. 본인 없이도 업무가 원활하게 유지될 수 있도록 만들어야 한다는 뜻이다. 구글은 '산소 프로젝트'라는 연구에서 최고의 관리자에게는 공통적으로 나타나지만 최악의 관리자에게는 나타나지 않는 8가지 특성을 밝혀냈다. 그 내용에는 '직원에게 권한을 넘기고 지나칠 정도로 시시콜콜 간섭하지 않는다' '직원이 경력 개발을 할 수 있도록 돕는다' '좋은 코치가 된다'라는 항목들이 포함되어 있다. 적절한 수준에서 직원에게 권한을 위임하고 그들의 경력 개발을 돕는 게 최고 리더의 덕목 중 하나라는 말인데, 임파워먼트형 리더의 특성에 해당하는 항목이 8개 중 3개나 된다. 그만큼 중요하다. 직원의 성장이 곧 리더의 성장이자 조직의 성장이라는 사실을 잊어서는 안 된다.

오랜 기간 HR 업무를 하면서 많은 직원을 채용하기도 하고 많은 직원을 떠나보내기도 했다. 마지막 퇴사 면담 때 직원들이 이야기하는 퇴사 이유는 생각보다 그렇게 다양하지 않다. 대부분의 이유는 조직이 아닌 '사람'을 떠나는 것이었다. 부하 직원이 조직을 떠나는 진짜 이유는 당신에게 말하는 내용이 아니다. 바로 마이크로매니저인 당신을 떠나는 거다. 오래전 조직에 처음 1:1 코칭 면담 제도를 도입했던 것도 관계 갈등으로 인한 퇴사율을 낮추기 위해서였다. 직무 적합성 문제나 자신의 성장을 위한 이직이라면 상관없지만 관계 갈등으로 인한 퇴사라면 조직에 있어 너무나도 큰 손실이다. 새로 직원을 뽑아 다시 가르치고 육성하는 데 드는 시간과 노력뿐 아니라 잦은 퇴사가 조직 문화에 끼치는 해악까지 고려한다면 관계 갈등으로 인한 퇴사는 조직에 직간접적으로 큰 손실이라는 점을 유념해야 한다.

04 조직의 썩은 사과를 과감히 도려내라

'예스맨'이라는 단어가 있다. 사전에서는 예스맨을 무조건 '예'라고만 하는 사람으로 윗사람의 명령이나 의견에 무조건 따르기만 하고 자기 의견이 없는 사람을 이른다고 정의한다. 사회생활을 하다 보면 다양한 종류의 예스맨을 만난다. 강한 자에게 약하고 약한 자에게 강한 예스맨, 나의 이익 관계에 따라 정도를 달리하는 교활한 예스맨, 능력이 없기에 윗사람 의견을 거스르지 않고 무조건 따르는 예스맨, 스스로가 예스맨인지조차 모르는 예스맨 등 다양하다. 하지만 한 가지 공통된 점은 대개 그들은 자신의 이익을 우선으로 생각하고 안전 지향형이며 자기 주도성은 낮다는 점이다. 예스맨은 조직 성장을 견인하는 핵심인재와는 가장 거리가 먼 부류다. 설령 운이 좋아

높은 위치에 올라간다 해도 자리를 지키기 위해 늘 불안해하고 고군분투한다. 조직에서 인정받는다는 건 높은 사람의 인정만을 말하는 게 아니다. 핵심인재로 능력을 인정받는 사람들의 경우 대체로 부하 직원, 동료, 상사 등 대부분의 사람들에게 좋은 평가를 받는다. 대표에게는 인정받지만 부하 직원이나 동료 집단, 타 부서에서 인정받지 못한다면 대표에게는 핵심인재인지 몰라도 조직 입장에서 봤을 때 핵심인재는 아니다. 의사 결정에 있어 중요한 본질이 아닌 윗사람이 듣기 좋은 본질에 집중할 가능성이 더 크기에 결과적으로는 조직에는 마이너스다.

예스맨은 조직의 썩은 사과다

예스맨도 일종의 개인주의다. 개인주의는 어떻게 활용하느냐에 따라 강점이 될 수도 있고 약점이 될 수도 있다. 예스맨은 후자다. 조직이 아닌 '나'의 관점에서 안전망을 선택하는 이기적인 개인주의다. 자기 스스로 결정하는 주도권과 권한이 아닌 상사가 원할 만한 해답을 찾는 수동적인 인간형이다. 더 큰 문제는 대개 예스맨은 스스로가 그런 존재인지 모르거나 자신이 예스맨이라는 사실을 인정하지 않는다는 점이다. 나는 그들을 '조직의 썩은 사과'라고 부른다. 썩은 사과는 결국 상자 안의 다른 사과까지 썩게 만든다. 예스맨이 직급상 영향력이 큰 위치에 있다면 상황은 더 심각해진다. 단지 개인의 문제에서 그치는 것이 아니라 주변 사람들과 더 나아가 조직 전체에 악영향을 미치기 때문이다. 수동적 예스맨 성향은 그들 나름의 생존 방식이다. 이러한 방식은 사회생활을 시작했을 무렵부터 이어져 왔을 가능성이 크다. 게다가 이미 어느 정도의 위치에 있다면 쌓인 시간과 경력만큼 굳어져 변화 가능성은 그만큼 낮다. 되돌리기 힘들다면 썩은 부위만 도려낼 것인지 아예 버릴 것인지 결정해야 한다. 고민하는 시간이 길어질수록 조직에 미치는 악순환의 고리는 점점 깊어진다.

예스맨의 결정력과 문제 해결력의 부재

빠르게 변화하는 요즘 시대에는 속도가 비즈니스의 생명이다. 내가 진행했던 교육 프레젠테이션 중 회사 비전과 핵심 가치에 대해 설명하면서 직원들에게 보여 주었던 장면이 있다. 구글에 'Music'이라는 단어를 검색했을 때 나오는 수많은 이미지들을 캡처한 장면이었다. 그리고 직원들에게 이 이미지를 보고 어떤 느낌이 드는지 질문했다. 역동성, 다양한 컬러감, 변화, 긍정적 이미지, 움직임 등의 답변이 나왔다. 실제로 구글에 이 단어를 검색했을 때 나오는 이미지들은 부정적이거나 정적인 느낌인 것들이 거의 없다. 나는 직원들에게 이것이 바로 우리가 다루는 콘텐츠이고 우리는 이런 이미지와 동일한 인재상을 원하며 조직이 나아갈 방향도 이와 유사하다고 설명했다. 음악이라는 콘텐츠는 하루에도 실시간으로 차트가 변한다. 이만큼 변화 주기가 짧은 콘텐츠도 드물다. 그 속도에 비례해 우리도 역동성과 변화 유연성을 갖추어야 한다고 강조했다. 다양한 컬러와 긍정적인 이미지가 보여주듯 우리는 다양한 장르의 음악이라는 긍정적인 콘텐츠를 세상에 전달하는 사람이라는 사명과 자부심을 가져야 한다는 설명도 덧붙였다.

빠른 속도는 음악 비즈니스의 중요한 본질 중 하나다. 빠른 소비가 이루어지고 실시간 변화하기에 조직 문화 자체도 빠르게 결정하고 바로 실행한다. 빠른 판단과 결정력은 자기 주도성을 강조하는 글로벌 기업의 특징이다. 결정을 어려워하고 문제 해결력을 갖추지 못했다면 그 자체만으로도 엄청난 스트레스를 받는다. 이런 기업은 예스맨이 절대 살아남을 수 없는 조직 문화이기도 하다. 빠른 판단력과 자기 주도성은 예스맨이 가장 두려워하고 자신 없어 하는 부분이기 때문이다. 늘 상사의 의견에 맞춰 결정했으니 막상 주도적으로 무언가를 처리할 수 있는 권한이 주어진다 하더라도 제대로 된 의견을 내지 못한다. 또한 어쩔 수 없이 결정했더라도 이는 잘못된 결정일 확률이 높다. 늘 윗사람에게만 맞추는 자기 주도성이 낮은 성향인 데다 상황에 맞는 판단력과 문제 해결력을 키울 만한 경험 자체가 부재일 테니 말이다. 유능한 인재는 상사의 가치가 아니라 조직의 가치를 끌어올리는 사람이다.

누가 옆에 앉느냐에 따라 직원 성과가 달라진다

노스웨스턴 대학교 딜런 미노어Dylan Minor 교수와 데이터 과학자인 마이클 하우스먼Michael Housman의 연구 결과에 따르면 누가 옆에 앉느냐에 따라 직원 성과가 달라진다고 한다. 위 제목만으로 놓고 본다면 결과가 예측되는 당연한 명제다. 놀라웠던 건 좋은 성과를 내는 직원이 동료들에게 미치는 긍정적인 영향의 정도보다 독이 되는 동료가 미치는 영향력이 훨씬 더 강력하다는 점이었다. 전자는 반경 7.5미터 내에 있는 사람들에게 좋은 영향을 미치지만 후자는 전 층에 독을 퍼뜨리며 퍼지는 속도 또한 전자의 경우보다 훨씬 빠르다는 놀라운 결과였다. 이 연구는 2,000명이 넘는 기술 관련 기업의 직원을 대상으로 했으며 독이 되는 동료의 기준은 나쁜 행동 때문에 해고당한 직원들로 정의했다고 한다. 참고로 미국은 직원을 해고하는 게 우리처럼 까다롭지 않다. 그렇기 때문에 해고 사유가 특정 몇 가지로만 제한되지 않는다.

흥미로운 점은 좋은 영향과 나쁜 영향 모두 해당 영향력을 행사하는 사람이 주위에 머무르는 동안에만 유효했다는 점이다. 결국 좋은 영향력을 오랜 기간 지속하려면 좋은 영향력을 미치는 사람의 수를 늘리고 나쁜 영향력을 미치는 사람을 줄이거나 없애 직원들이 본질에만 집중할 수 있는 환경을 만들어야 한다. 특히나 나쁜 영향을 미치는 사람의 조직 내 권한이 막강할 경우 이에 따르는 폐단은 더욱 심각해진다. **조직 문화를 개선하고 싶다면 좋은 사람을 늘리는 것보다 조직의 썩은 사과를 도려내는 것이 훨씬 중요하다. 이 작업이 우선되지 않는 한 조직은 아무리 좋은 사람으로 채워도 나쁜 독이 퍼지는 걸 멈추기는 힘들다.** 그렇다면 정답은 하나다. 독이 더 퍼지기 전에 응급조치를 취하는 것이다. 골든타임을 넘기면 안 된다.

언젠가 스스로의 발목을 잡는 선택

예스맨을 선택하는 건 단기적으로는 편할지 모르나 장기적으로 보았을 때 가장 불안한 선택 중 하나다. 예스맨이란 자기 주도성이 낮은 '나' 관점의 안전 지향이다. 하지만 현재 관점에서 편하고자 한 선택이 언젠가 스스로의 발목을 잡을 때가 온다. 고용은 불안하고 코로나19로 더해진 경제위기 속에서 지금 당장이 아닌 100세 시대에 걸맞은 안전 지향이 필요하다. 현재 관점의 안전 지향이 아니라 미래 관점의 안전 지향이다. 미래 관점에서의 안전한 선택이 무엇인지를 생각한다면 예스맨은 대척점에 서 있다고 할 수 있다. 빠른 속도에 맞추고 결정의 정확성은 높여 문제 해결력을 키우는 건 이 시대에 선택이 아닌 필수다. **예스맨에 대한 책임은 조직에도 있다. 그런 조직 구성원이 애초에 존재하지 못하도록 리더의 역할을 강조하고 조직 문화를 관리해야 한다. 우선 최고경영진이 중요성을 인식해야 하며 HR 부서는 앞 단에서 전략적 실행자의 역할을 해야 한다. 예스맨 근절은 직원 역량은 물론이고 조직 문화와도 밀접한 연관이 있는 일이기 때문이다.**

05 사내 소통과 불통은 한 끗 차이다

〈사랑도 통역이 되나요?〉라는 영화가 있다. 좋지 않은 번역의 예를 논할 때 자주 언급되곤 한다. 영화를 보고 나면 그 이유를 이해하게 된다. 나 역시 제목만 보았을 때는 가벼운 로맨스물인 줄 알았다. 그러나 영화를 감상하고 나서야 그게 아니라는 걸 알았다. 영화의 주제는 〈Lost in Translation(오역)〉이라는 원제에 가깝다. 오역은 한 언어를 다른 언어로 통역할 때 문화적인 차이와 여러 가지 이유로 본래의 의미가 제대로 전달되지 못하거나 잘못 전달되는 상황을 말한다.

아카데미 시상식에서 영화 〈기생충〉으로 4관왕을 수상해 전 국민의 관심을 받았던 봉준호 감독과 함께 화제가 되었던 인물이 있다. 바로 샤론 최라는 이름으로 더욱 유명한 최성재 통역사다. 당시 사람들이 놀랐던 건 그가 전문 통역사가 아니라는 점이었다. 영화 감독 지망생인 그는 어린 시절 미국에서 몇 년 거주하긴 했지만 학창 시절을 오롯이 한국에서 보냈으며 통역을 전문적으로 배운 적이 없다고 한다. 물론 타고난 언어 감각 덕분도 있겠지만 영화학도로서의 배경 지식, 봉준호 감독에 대한 평소의 관심과 존경심, 뛰어난 순발력과 기억력 등이 복합적으로 작용했기에 가능한 일이었을 것이다. 이처럼 통역에서 화자의 의도 파악과 제대로 된 의미를 전달하는 것은 매우 중요한 요소다.

조직에서의 Lost in Translation

조직에서도 본래의 의미가 제대로 전달되지 못하는 'Lost in Translation' 상황은 늘 발생한다. 하물며 제2 외국어가 아닌 모국어인데도 말이다. 동료 간, 타 부서 간, 상사와 부하 직원 간에도 늘 원래 전달자가 전하려는 의도를 상대방이 100퍼센트 동일하게 받아들이지는 않는다. 1:1 관계에서도 그런데 조직 전체에 내재화해야 하는 핵심 가치, 전략적 방향성, 비전, 중요도가 높은 신사업 추진 등은 두말할 필요조차 없다. 전사적으로 내재화가 빠르게 진행되어야 할 조직의 중요한 전략이나 방향성에 관한 사항은 최고경영진이 가장 적극적인 참여자가 되어야만 한다. 이렇게 얘기하면 그건 임파워먼트에 반하는 것이 아니냐는 의문을 제기할 수도 있다. 임파워먼트는 장기적 관점에서 조직 역량과 조직 성장의 중요한 요소 중 하나다. 하지만 아무리 좋은 개념도 상황에 맞게 활용될 때 효율성이 극대화된다. 조직에서 결정한 전략적 방향성이 조직의 미래에 중요한 부분이고 미리 준비해야 하는 시급성이 있다고 판단되면 여러 단계를 거칠수록 조직 전체의 한 방향 정렬에 오랜 시간이 걸린다. 이런 경우 최고경영진이 생각하는 현안의 중요도가 같은 크기로 조직의 하부까지 전달되는 것이 가장 중요하다. 그러려면 최고경영진이 전사적으로 직접 전달하는 역할에 적극적으로 참여해야 한다. 최고경영진이 직접 메시지를 전달하는 것과 본부별로 권한 위임을 받은 본부장이나 임원이 전달하는 것에는 중요도와 속도 면에서 큰 차이가 있다. 특히나 요즘처럼 변화의 속도가 중요한 상황에서는 더욱 그렇다. 변화와 새로운 경험이 익숙해지는 내재화 과정에는 늘 오랜 시간이 소요된다. 지금 당장 실행한다고 해도 조직의 전 구성원이 한 방향 정렬을 맞추는 데까지 크고 작은 시행착오와 더불어 반복적인 커뮤니케이션이 필요하다. 이 과정에 걸리는 시간을 가장 확실하게 줄일 수 있는 방법은 최고경영진의 적극적인 참여다. **어느 정도 한 방향 정렬이 맞춰졌다면 실행 과정에서의 불필요한 절차와 승인 단계를 줄여 효율적으로 진행될 수 있도**

록 해야 하며 이 단계에서는 본부별 위임자에게 권한을 위임해서 빠른 실행과 내재화가 가능하도록 해야 한다.

임파워먼트에 대한 오해

아무리 좋은 개념도 상황에 맞게 활용될 때 효율성이 극대화된다고 이야기했는데 이런 의미에서 임파워먼트에 대해 몇 가지 짚고 넘어가야 할 사항이 있다. 위 예시를 근거로 볼 때 임파워먼트도 중요도와 시급성을 고려해 권한 위임이 효과적인 일인지 아닌지에 대한 구분이 필요하다. 그리고 중요한 건 권한을 위임받는 대상이 권한을 위임하는 사람과 얼마나 한 방향 정렬이 되어있느냐다. 결정된 중요 사안에 대해 완전히 같지는 않더라도 비슷한 수준의 이해도와 중요도가 합의된 상황이어야 한다. 이러한 상황이 전제되지 않는다면 메시지의 중요도의 정도가 비슷한 무게감으로 하부까지 전달되지 않는다. 중간에 유실되는 내용과 엉뚱한 방향의 재해석이 더해져 'Lost in Translation'이 발생하기 때문이다. 전달해야 할 사항이 조직에서의 큰 변화와 혁신과 관련된 실행안이라고 가정해 보자. 향후 변화 방향이 자신이 책임지는 부서에 도움이 될 것인지 아닌지에 대한 이익 상충 여부, 내가 속한 부서의 조직에서의 입지 변화 여부 등 조직 관점이 아닌 나와 부서 관점에서 출발한다면 이미 제대로 된 전달은 애초에 실패했다고 보아야 한다. 변화 관리자 역할을 주도해야 할 부서장이 조직의 전략적 방향에 대해 조직 관점이 아닌 개인과 부서 관점의 사고를 하고 있기 때문이다. 이 부분은 결국 권한을 위임받을 사람의 자격 여부에 해당한다.

최고경영진과 임원들 간의 관계도 역시 쌍방향이다. 서로가 믿고 신뢰할 만한 관계가 설정되어 있는지 여부가 중요하다. 그러려면 주요 사안을 결정할 때 임원들은 조직 내에서 최고경영진의 전략적 파트너라는 수식어가 어울리는 존재감을 갖추어야만 한다. 어떤 주요 사안을 결정할 때까지는 난상토론이 이루어졌더라도 일단 결론이 내려졌다면 그때부터는 조직에 내재화될 수 있도록 모두 한 방향 정렬이 되어야 한다. 모두가 100퍼센트 만족한 결론이 아니었다고 하더라도 실행에 있어 구성원들을 적극적으로 이끄는 일관된 모습을 보여줘야 한다. 부족한 부분은 추후 개선하고 더 발전적인 방향으로 수정해 나가면 된다. 처음부터 완벽한 계획은 없다. 실행해야 어떤 부분을 보완해야 할지 알 수 있다. 결정된 사안에 대해 상급자들이 일치된 모습을 보이지 않는다면 조직의 전략적 방향성의 중요도가 사원급까지 전달되는 건 이미 시작부터 요원하다고 보아야 한다. 조직원들은 바보가 아니다. 리더가 조직의 방향에 대해 합의된 일관성을 보이는지 아니면 단지 윗선의 지시 때문에 영혼 없이 따르는 건지 대번에 눈치챈다. 윗선에서의 일치된 한 방향 정렬 없이 조직원의 참여를 끌어내는 건 애초부터 실패라고 보아야 한다.

한 방향 정렬의 중요성

최고경영진과 리더 간의 한 방향 정렬도 중요하지만 근본적으로는 회사 정보에 대한 알 권리를 모든 조직 구성원에게 확대하는 것이 더욱 중요하다. 많은 조직에서 회사의 중요한 전략적 방향이나 신사업 개발 등 주요 사안에 대해 특정 관리자급 이상만 공유하곤 한다. 대부분은 여태까지 그래왔기 때문에 그대로 따르는 경우가 많다. 그러나 조직 구성원이 애사심이나 주인 의식을 갖게 하려면 조직의 중요한 변화나 방향성에 대한 부분을 공유하는 것부터 시작해야 한다. 회사 기밀에 해당하는 게 아니라면 말이다. 구글, 아마존, 페이스북, 테슬라 등 기술 혁신 기업이 가진 조직 문화의 공통점 중 하나는 직급에 상관없이 모든 조직원의 알 권리를 존중한다는 점이다. 조직 구성원을 믿고 직급에 관계없이 정보를 공유하는 문화만으로도 조직 구성원의 자발적인 애사심과 주인 의식이 높아진다. 애사심이나 주인 의식은 조직에서 구성원에게 요구하는 수동적인 의미여서는 안 된다.

구성원들의 자발성에 기초한 능동적인 개념이 되어야 한다. 그러려면 **조직 상부부터 하부까지 한 방향 정렬을 통해 중요한 정보가 유실되는 내용 없이 같은 중요도로 하부까지 전달되어야 하며, 주요한 정보도 모두에게 공유하도록 하는 조직 문화를 마련해야 한다.** 사실 후자에 해당하는 문화가 조성이 된다면 전자는 저절로 따라온다. 조직과 관련된 사안은 일부만 알아야 하는 것이 아니라 모든 조직 구성원이 알아야 하는 일이기 때문이다. 조직 구성원에게 주인 의식을 바란다면 그들을 먼저 주인으로 대해야 한다. 회사의 주요 정보를 직급과 관계없이 전사 공유하는 건 조직 구성원들을 주인으로 대하는 가장 기본적인 자세다. 이런 문화가 정착되면 임원이나 중간관리자를 통해 전달된 정보에서 발생하는 'Lost in Translation'을 최소화하는 데 큰 도움이 된다.

06 의사 결정의 기준, 비전과 핵심 가치

삶의 가치는 살아가며 마주하게 되는 수많은 결정과 선택의 순간마다 중요한 기준이 된다. 삶의 가치는 개인이 중요하게 생각하는 삶의 철학, 자기 신념, 자기 소신, 선호가치처럼 존재하는 다양한 용어와 개념으로 정의될 수 있다. 나약해지는 유혹의 순간마다 중심을 잡아 주는 버팀목이 되기도 하고, 때로는 나의 생각과 행동을 결정짓는 중요한 기준이 되기도 한다. 중요하게 생각하는 삶의 가치가 있는 사람은 상황에 흔들리지 않는 단단함으로 자신의 중심을 잡는다. 기업도 마찬가지다. 주요 의사 결정의 잣대가 되는 비전, 핵심 가치, 인재상과 같은 기준과 원칙을 세우고 실제 모든 상황에서 이런 가치와 기준에 충실한 결정을 하는 건 매우 중요하다. 조직에서 세운 기준을 항상 강조하고 내재화시키는 것만으로도 조직의 권위가 서고 많은 순간에 옳은 결정을 할 확률이 높아진다. 조직이 지속적으로 지켜나가야 하는 가치 체계가 바로 서야 조직 전체의 한 방향 정렬이 쉬워진다. 공통된 판단 기준과 행동 방향을 제시함으로써 조직 구성원의 판단과 행동을 끌어내는 원천이 되기 때문이다.

아마존을 관통하는 기업 가치의 중요성

앞서 살펴본 아마존의 플라이휠 모델에는 두 개의 선순환 바퀴가 있다. 제품 종류, 고객 경험, 방문자 수, 판매자 수로 연결된 하나의 바퀴와 성장에서 출발해 낮은 비용 구조, 낮은 가격, 고객 경험을 거쳐 다시 성장으로 이어지는 두 번째 바퀴다. 두 개의 바퀴가 서로 성장을 견인하며 선순환 구조를 만들어 낸다. 이것이 아마존의 성장 비결이다. 아마존은 고객 집착으로 성장을 견인한 기업으로도 유명하다. 그리고 이 핵심 가치는 기업의 시작과 현재까지 모든 의사 결정에 가장 중요한 기준이며 미래에도 변하지 않을 조직의 중심 가치다. 플라이휠과 더불어 아마존이 강조하는 14개의 리더십 원칙은 아마존의 원칙 중시 문화를 보여 주는 좋은 예다. 실제 아마존의 조직 구성원들은 이 원칙을 신뢰하며 지키려고 노력한다. 많은 기업이 회사의 미션, 비전, 핵심 가치, 인재상 등을 세우지만 아마존처럼 중요한 결정이나 선택에 있어 조직에서 세운 원칙을 기준으로 삼는 회사는 많지 않다. 기업에서 세운 원칙이 모든 주요 사안에 우선순위가 된다는 건 그만큼 조직의 권위가 선다는 의미다. 지금 당장 이익이 되지만 조직이 세운 가치에 어긋난다면 우리는 어떤 선택을 해야 할까? 조직 문화에 회사 원칙의 중요성이 이미 내재화되어 있다면 선택은 간단해진다. 그 원칙을 따르기만 하면 되는 문제이기 때문이다.

안팎으로 주접떨지 말자

근무했던 회사에 새로운 대표님이 부임하면서 대표님 주관으로 가장 먼저 진행했던 프로그램은 업의 정의, 기본 사칙, 비전 세우기였다. 매주 월요일마다 진행했던 '리더십 트레이닝'이라는 프로그램을 통해 몇 개월에 걸쳐 참여 직원의 의견을 모았고 매주 업데이트된 사항을 공지했다. 그리고 조직의 주요 원칙이 세워졌다. 많은 원칙 중 직원들에게 가장 많이 회자되었던 조항은 '안팎으로 주접떨지 말자'였다. 회사 기밀이나 인사 관련 사항, 내부 주요 정보를 안에서나 밖에서나 가볍게 흘리고 다니지 말라는 의미를 담은 표현이다. 실제 이런 부분들이 전부터 문제로 지적되곤 했기에 누군가 의견을 낸 이 문구가 만장일치로 선택됐다. 이후 직원들이 일상에서 종종 이 문구를 사용하는 걸 심심찮게 들었다. 불필요한 이야기를 하는 것 같으면 "안팎으로 주접 떨지 말자는 사칙 몰라?"라거나 "이거 위험한데… 사칙 위반이야"라는 말을 직원들끼리 농담처럼 건넸다. 시간이 지나면서 실제 불필요한 소문이나 얘기들이 많이 줄어들었다.

조직의 권위는 기본에서 출발한다

조직에 내재화된 핵심 가치와 원칙이 중요한 이유는 조직의 형식적인 규율이나 규범처럼 강제하지 않더라도 조직 구성원의 자발성에 근거한 더 큰 영향력을 발휘하기 때문이다. 그리고 한 번 내재화된 가치는 직간접적으로 조직 구성원들에게 영향을 미친다. 조직의 원칙에 일관성이 있고 리더가 이런 원칙을 중시하고 있다는 합의된 모습을 보여 주지 않으면 조직의 권위가 바로 서지 않는다. 아무리 훌륭한 인재를 많이 채용한다 해도 조직이 인재를 품을 그릇을 갖추지 못한다면 핵심인재들은 분명히 다른 곳으로 눈을 돌리게 된다. 좋은 인재를 품을 그릇의 크기를 먼저 넓혀야 이에 걸맞은 인재를 그 안에 담을 수 있다. 조직 구성원들의 조직에 대한 신뢰는 거창한 무언가가 아니다. 조직이 세운 중심 가치를 모든 결정의 중심에 놓고 따르는 것에서 출발할 때 조직 구성원들의 신뢰가 따른다. **현재 당신이 속해 있는 기업은 중심이 되는 가치와 원칙을 가지고 있는가? 만약 그렇다면 그 원칙이 조직 내 주요 의사 결정에 영향을 미치고 있는가? 기업의 중심 가치와 원칙이 조직원에게도 내재화되어 있다고 생각하는가? 이 세 가지 질문 중 어느 하나라도 해당하지 않는다면 다시 한번 기본부터 점검해 볼 필요가 있다.**

07 전술적 성과 vs 적응적 성과

『무엇이 성과를 이끄는가』(닐 도쉬·린지 맥그리거, 생각지도, 2016)에는 '모티브 스펙트럼Motive Spectrum'이라는 개념이 나온다. 모티브 스펙트럼에 따르면 동기는 크게 '직접동기'와 '간접동기'로 나뉘며 즐거움, 의미, 성장, 정서적 압박감[1], 경제적 압박감, 타성을 말한다. 직접동기는 즐거움, 의미, 성장이고 간접동기는 정서적 압박감, 경제적 압박감, 타성이다. 예상하는 것처럼 직접동기의 경우 성과를 끌어올리는 동기 요인으로 작용하고 간접동기의 경우는 반대로 성과를 떨어트리는 동기 요인으로 작용한다. 특히 업무에서 비롯된 동기여야만

1 내가 이 일을 하지 않으면 나 자신은 물론 내 주변의 가까운 사람들을 실망시키게 될 것이라는 압박감으로, 주변의 나쁜 평판을 듣기 싫어서 무언가를 하는 것.

성과 역시 높아지는데 정서적 압박감, 경제적 압박감이나 타성은 업무와의 관련성이 낮은 개인적이고 외부적인 요인이다. 동기란 사람을 움직이거나 행동을 일으키게 하는 근원적인 힘이다. 즐거움이 의미나 성장보다도 높은 수준의 동기 요인인 이유는 스스로 업무를 하는 이유가 자발적인 선호에서 비롯되기 때문이다. 어떤 일을 수행할 때의 동기가 자발적인 호기심과 그 업무 자체의 즐거움일 때 성과 수준이 높을 확률이 가장 크다는 건 주목해야 하는 부분이다.

적응적 성과와 직관력

이러한 동기 요인에 대한 기본적인 이해를 바탕으로 조직에서의 성과의 의미에 대해 접근해야 한다. 『무엇이 성과를 이끄는가』에서는 성과의 실체를 두 가지로 구분하고 있다. 바로 전술적 성과Tactical Performance와 적응적 성과Adaptive Performance다. 두 개의 차이를 간략히 정리하면 다음과 같다.

전술적 성과	적응적 성과
계획을 잘 따르고 실천하는 능력	계획에서 벗어날 수 있는 능력
생산성, 효율성, 통제	창의성, 문제 해결, 능동
목표에 집중하도록 이끄는 힘	예상치 못한 상황에 대응하는 힘

업무가 전술적 성과만 필요한 경우에는 간접동기가 성과를 높일 수 있지만 문제 해결과 같은 적응적 성과를 보여야 하는 경우는 간접동기가 오히려 성과를 낮춘다. 특히 혁신성, 창의성, 문제 해결력 등은 적응적 성과에 해당되는데 이처럼 적응적 성과는 예상치 못한 상황에 대응하는 힘을 가진다. 계획에서 벗어날 수 있는 능력이기 때문이다. 적응적 성과의 특징을 살펴보면 직관에서 기인하는 인간의 강점과 상당히 유사한 면이 있다. 직관력의 기본인 유연한 사고와 변화 유연성은 계획에서 벗어나거나 예상치 못한 상황에서 강점을 발휘하기 때문이다. 적응적 성과의 특성인 상황에 유연하게 대처하는 문제 해결력은 이처럼 날카로운 직관력을 가진 사람이 보이는 특성과도 유사함을 알 수 있다.

비즈니스 세계는 늘 계획대로 흘러가지 않는다. 변수가 너무 많다. 코로나19를 전 세계 어떤 기업가가 예측할 수 있었을까. 굳이 이처럼 특수한 위기 상황이 아니더라도 위기 관리와 문제 해결을 요하는 상황이 시시각각 발생하는 것이 산업 생태계다. 전술적 성과와 적응적 성과 중 어느 하나가 우위에 있다는 의미가 아니다. 둘은 상반된 개념이 아니라 상호 보완적 관계다. 다만 환경 변화를 감지하고 지속적인 변화에 대한 대응과 유연성, 때로는 변혁에 가까운 결단력을 보여야 하는 요즘 산업 생태계에서 적응적 성과를 이끌어 내지 못하는 기업은 위험에 더 쉽게 노출될 수밖에 없다. 특히 조직을 이끌어 가는 위치에 있는 리더라면 조직 구성원이 적응적 성과를 창출할 수 있도록 이끌어야 한다.

성과 관리와의 연계

찰스 다윈Charles Robert Darwin의 진화론에 따르면 가장 강하고 지적 능력이 뛰어난 종이 살아남는 것이 아니라 계속되는 환경 변화에 가장 잘 적응하는 종이 살아남는다. 기업도 마찬가지다. 계속 승승장구하거나 성장만 하는 업종은 없다. 변화에 안일하게 대처했다가 역사의 뒤안길로 사라진 기업은 수도 없이 많다. 한결같은 전략이 아니라 환경 변화를 반영하고 예측한 유연한 전략이 필요하다. 유능한 리더라면 직접동기를 장려하고 간접동기를 낮춰 총 동기를 극대화할 줄 알아야 하며 전술적 성과와 적응적 성과를 적절히 활용할 줄 알아야 한다. 목표를 위한 생산성과 효율성만을 강조하는 건 당장의 이익 창출에는 도움이 되지만 장기적 관점에서 보았을 때 조직의 미래까지 생각하는 전략은 아니다. 부서 간 협업, 팀워크, 조직의 전략 방향에 맞는 전사 목표, 조직이 중시하는 가치, 빠르게 변화하는 산업 환경에 필요한 조직의 변화 관리 등을 소홀히 할 가능성이 높다. 실제 성과 관리에 있어서도 단기적 관점에서의 조직 구성원의 정량적 목표와 관련된 성과만을 높은 비중으로 평가한다면 조직의 전체적인 역량 수준을 높이는 데는 한계가 있다. 특히나 요즘처럼 한 치 앞도 알 수 없는 상황이라면 현재 조직의 경영진이 중요하게 생각하는 전략 방향에 맞는 직무 행동(직무 수행 역량) 기준을 구체적으로 제시해야 한다. 변화 유연성, 리더십, 시스템적 사고, 분석적 사고, 커뮤니케이션 역량, 팀워크 등과 같은 구체적이지 않은 직무 행동 기준은 변별력이 없고 주관적이기 쉽다. 각 직무 행동에 맞는 실제 현업에서 사용하는 구체적인 언어로 표현된 역량 정의와 행동지표가 마련되어야 한다. 성과 관리란 결국 조직 구성원의 성장과 효과적인 육성이 평가의 주요 목적이어야 하며 이런 과정이 조직 성장으로 이어지게끔 설계하는 것이 중요하다. 또한 환경 변화가 극심하고 빠른 상황에서는 현재 평가 잣대가 되는 핵심 역량 지표는 언제든지 변화할 수 있다. 조직의 핵심인재상도 핵심 역량 지표도 불변의 기준이 아니라 산업 환경이 변화함에 따라 언제든지 우선순위가 달라질 수 있기 때문이다.

조직 구성원의 동기부여 요소가 무엇인지를 파악하고 전술적 성과와 함께 적응적 성과도 높여야 한다. 그래야 단기적 관점에서 중요한 성과 목표에 집중하면서도 예상치 못한 환경 변화에 유연하게 대처해 장기적 관점에서의 조직의 역량을 끌어올릴 수 있다. 전술적 성과와 적응적 성과는 상호 보완적 관계다. 하지만 요즘 시대에는 전술적 성과에만 강하고 적응적 성과 창출 역량이 없는 인재는 장기적 관점에서 조직의 미래에 도움이 되지 않는다는 걸 기억하기 바란다.

08 조직의 핵심 역량도 가변적 가치다

조직마다 성과가 뛰어난 우수 인재가 있다. 우리는 이들을 핵심인재라고 부른다. 조직에서는 단순히 직무 관련 기술적인 역량이나 이해도가 앞서고 성과만 뛰어나다고 해서 핵심인재라고 하지는 않는다. 직무 적합성, 자기 주도성과 동기부여, 변화 유연성, 조직의 전략적 방향 이해도, 커뮤니케이션과 대인관계 역량 등 다양한 측면을 고려한다. 단지 직무성과 역량만으로 인정받을 수 있는 건 실무를 담당하는 중간 매니저 이전까지다. 관리자급이 되고 난 후에는 그것만으로는 부족하다. 성과 목표는 당연히 달성해야 할 기본이며 여기에 후임 육성에 필요한 리더십, 관계 관리, 예기치 못한 상황에서의 판단력과 문제 해결력 등 단지 성과만이 아닌 그 외의 부분까지를 포함해서 평가받게 된다. 매출이나 수익 등 단기적인 업적 지향만으로는 미래 관점의 조직 성장과 경쟁력 확보라는 중요한 가치는 충족시키지 못한다. 균형성과표Balanced Score Card 방법론이 처음 등장한 것도 단기적 목표인 매출, 수익 등의 재무적인 요소 외에도 장기적 목표와 비전을 위한 비재무적 요소(고객, 프로세스, 학습 및 성장) 또한 중요한 핵심 지표로 균형을 이루어야 한다는 취지였다.

하지만 중요한 건 직무상 핵심 역량은 조직의 상황과 산업 변화에 따라 언제든지 달라질 수 있다는 점이다. BMW는 대면 없이 자동차 구매가 가능하도록 전자계약시스템인 '디지털 세일즈 플랫폼'을 도입해 전국 52개 전시장에서 본격적으로 시행한다고 밝혔다. 종이 서류는 모두 전자 문서로 대체되고 그 외 서류 확인, 서명, 보관, 전달까지 태블릿이나 휴대폰 등의 모바일 기기로 통합 관리하는 시스템이다. 보험사에도 변화의 바람이 불고 있다. 캐롯손해보험의 뒤를 이어 하나손해보험 역시 디지털 손해 보험사 출범을 알렸다. 특히 자동차 보험 부문은 온라인을 통한 비대면 계약 비중이 계속해서 상승하고 있다. 은행도 영업점을 정리하고 비대면 지점을 확대하고 있다. 은행은 이미 온라인으로 많이 전환된 상황이었음에도 불구하고 코로나19라는 특수한 상황에서 언택트 기조가 강화되면서 오프라인 지점 감소가 더욱 가속화되고 있다.

현재의 언택트 기조는 이제 우리의 산업 전반과 일상에 스며들었고 이 상황은 코로나19가 종식된다고 해도 계속될 것이다. 게다가 2020년 5월에 정부가 발표한 한국판 뉴딜 정책의 핵심 내용은 'DNA(Data, Network, AI)+US(Untact, Digital SOC)'다. 쉽게 말해 우리 사회 경제 전반의 디지털화를 강화하고 비대면 산업을 육성하겠다는 말이다. 코로나19로 디지털화와 비대면화의 필요성을 더욱 절감하게 되었으므로 이 기조를 더욱 강화해서 성장 동력으로 삼겠다는 뜻이다. BMW의 디지털 세일즈 플랫폼 도입, 디지털 손해 보험사의 출범, 은행의 오프라인 지점 축소 등의 사례에서 보듯 대면 중심의 산업 또한 비대면 중심의 기술 도입과 전환으로 돌파구를 모색하고 있다. 대면 중심의 산업 환경에서라면 핵심 역량이었을 서비스 지향, 고객 지향성, 상담기법, 고객 응대력과 같은 역량을 기술이 대체하거나 기술을 갖고 있는 인력이 채우게 된다. BMW의 경우 디지털 세일즈 플랫폼이 당장 사람이 해야 할 역할을 모두 대체하는 건 아니겠지만 예전만큼의 인력이 동일하게 필요하지는 않을 거라는 것과 비대면 방식으로의 전환이 앞으로 더 확대됨에 따라 기존 인력 축소는 불가피하다고 예상할 수 있다. 산업 환경 변화에 따라 조직의 비즈니스 모델이나 전략이 변한다면 핵심 역량 또한 변화할 수밖에 없기 때문이다.

핵심 역량은 유동적인 가치다

핵심 역량이란 조직이 보유하고 있는 경쟁 우위의 탁월한 역량을 말한다. 하지만 빠른 산업 변화로 인해 조직의 주요 전략과 전술, 비즈니스 모델 자체가 바뀐다면 핵심 역량도 달라질 수밖에 없다. 기업의 핵심 역량은 불변의 가치가 아니라 유동적인 가치이기 때문이다. 1997년 DVD 대여 서비스로 사업을 시작한 넷플릭스는 이후 월간 구독료 제도를 도입해 경쟁사와 차별화를 두었다. 2009년 온라인 동영상 스트리밍 사업 시작을 기점으로 이제는 직접 콘텐츠 제작을 통해 생산자 역할까지로 확장해 해외시장 개척에도 적극적으로 나서고 있다. 반면에 경쟁사 중 한 곳이었던 DVD 대여 업체 블록버스터Blockbuster는 스트리밍 사업으로 전환하지 못한 채 2010년에 파산 신청을 했다. 넷플릭스는 변화를 민감하게 감지하고 재빠르게 비즈니스 모델을 바꾸며 지속적인 성장을 이끌었다. 넷플릭스 전 최고인재책임자 패티 맥코드Patty McCord는 넷플릭스의 기업 문화를 '자유와 책임' 두 단어로 요약하며 넷플릭스의 세 가지 기본 철학을 언급한다. 첫째, 뛰어난 인재를 채용하되 그들을 내보낼지 결정하는 것은 관리자의 몫이다. 둘째, 모든 직무에 그저 적당한 사람이 아니라 매우 적합한 사람만 채용하려고 노력한다. 셋째, 아무리 훌륭한 직원일지라도 그의 기술이 더는 필요하지 않다면 기꺼이 작별인사를 한다. 우리 조직에 어떤 인재가 있는지가 아닌 현재 우리 조직에 어떤 인재가 필요한지를 중요하게 생각하는 넷플릭스의 인재관리 원칙이 위 세 가지 기본 철학에 모두 녹아들어 있다. 또 패티 맥코드는 한 인터뷰에서 "직원이 업무 수행 능력이 없다면 이는 채용한 사람의 책임이 크며 직원만의 잘못이 아니다. (중략) 당신이 더 이상 성공하기 어려운 곳에 머물지 말라고 말할 수 있는 극도의 솔직함이 오히려 그에게 도움이 될 것이다"라고 말했다. 우리 정서에는 다소 냉정하게 들리지만 사실 틀린 말은 아니다. 핵심 역량이 가변적인 것이라면 우리는 어떤 대비를 해야 할까? 이미 질문에 답이 있다. 산업 환경도 조직의 핵심 역량도 가변적인 것이라면 우리 스스로 변화를 민감하게 감지하는 직관력을 갖추고, 예측한 변수에 맞춰 변화하는 가변적인 존재여야 한다. 셀프 트랜스포메이션이 언제든 가능해야 한다는 의미다.

조직 또한 변화에 노력이 필요한 사람이 아닌 언제든 변화할 수 있는 셀프 트랜스포메이션 역량을 갖춘 인재를 채용하고 육성해야 한다. 산업 환경 변화에 따라 조직의 비즈니스 모델 또한 기업의 존속을 위해 언제든 변할 수 있다. 조직의 DNA를 언제든 셀프 트랜스포메이션이 가능하도록 탈바꿈하지 않으면 다가오는 변화를 감지하고 미리 대응하는 유연성이 떨어진다. 조직에서 변화의 필요성을 감지하고 이 같은 방향으로 나아가고자 해도 직원이 변화에 유연하게 대응하고자

하는 역량이 떨어진다면 조직의 한 방향 정렬에 귀한 시간이 낭비된다. 이것이 바로 조직과 조직원 모두의 셀프 트랜스포메이션이 동시에 진행되어야 하는 이유다.

09 / 90년대생의 개인주의를 활용하라

스마트폰 보급과 함께 디지털 생태계는 변혁에 가까운 변화를 경험했다. 스마트폰이 대중화되면서 산업 생태계가 여기에 맞춰 재편됐다고 해도 과언이 아니다. 금융, 유통, 미디어 전반에 걸친 시장 혁명은 우리의 삶을 완전히 변화시켰다. 우리나라에서 스마트폰이 대중화되기 시작한 게 2009년 이후니까 디지털 유목민 세대인 1990년대생의 경우 이미 10대 때부터 디지털 기기를 접했다고 볼 수 있다. 디지털 변혁Digital Transformation으로 바뀐 세상에 더 익숙한 세대다. 그들이 경험한 세상은 아날로그 세대가 경험한 세상과는 본질적으로 다르다. 면대면 관계보다는 온라인 관계가 더 편안하고 혼술, 혼밥, 혼족이라는 표현이 익숙한 개인주의 세대다. 이미 이들에게 워라밸은 특별한 것이 아닌 당연한 가치이고 사전에 예고되지 않은 회식은 개인 시간을 뺏는 집단주의의 산물일 뿐이다. 실제 회식 문화가 최근 몇 년간 급격히 변화하고 있는 것도 이러한 세대의 변화에 맞춰 조직도 변화하고 있다는 방증이다. 앞으로 조직에 입사하게 될 신입사원은 1995년생 이후의 출생자들이다. '나'라는 개인의 가치가 더 소중한 그들에게 조직이라는 집단의 가치와 무조건적인 주인 의식을 요구하는 건 시대착오적인 발상이다. 그렇다면 경영진과 관리자급의 조직원들은 어떻게 그들을 역량 있는 인재로 육성할 것인가? 답은 의외로 간단하다. 이미 세상은 변했다. 기존의 가치가 아닌 그들의 개인주의에 집중해야 한다.

세대 탓이 아닌 개인주의의 강점에 집중해라

조직이란 각기 다른 세대가 하나로 섞인 세대 통합 장소다. 임원이나 부서장 위치의 386세대와 X세대, 중간 관리자급의 밀레니얼 세대, 그리고 Z세대까지 살아온 사회 문화적 시대가 다른 4개의 세대가 섞여 있다. 다름과 다양성을 받아들이지 않으면 결국 '요즘 애들은'이라는 세대 반복 도돌이표만 그리게 된다. 90년대생은 기성세대보다 훨씬 더 치열한 경쟁 속에서 나고 자란 세대다. 이기주의가 아니라 필연적 개인주의다. 태어나서 성인이 되어 보니 이미 세상은 치열하게 학점 관리를 하고 취업을 위한 스펙 쌓기에 매달려야 하는 경쟁 사회였다. **이런 세대에게 예전 방식의 책임감과 팀워크만을 강조하는 건 무의미하다. 두루뭉술한 책임감 강조가 아닌 명확하게 직무에 대한 권한과 주인 의식을, 희생으로서의 협업이 아닌 개인 성장과 조직 성장에 기여하는 협업을 강조해야 한다.**

90년대생은 경쟁 속에서 자라온 세대라 누군가로 인해 손해 보는 것도 싫어하지만 뒤처지는 것도 싫어한다. 개인주의에 맞게 각자의 역할을 분명히 하고 주체적으로 일하도록 육성해야 한다. 그리고 협업이라는 이름 아래 결국 팀장이 역할을 정하는 방식이 아니라 스스로 각자의 역할을 정하는 자발성을 과정에 녹여야 한다. 90년대생은 자신의 목소리를 내는 데 있어 기성세대보다 훨씬 더 똑똑하다. 그리고 '내 것'에 대한 소유욕도 강하기 때문에 그들이 직무가 '내 것'이라는 생각이 들도록 권한을 주고 스스로 참여하게 만들어야 한다. 지시하는 걸 따르는 데 익숙한 기성세대보다 자기 주장이 뚜렷하고 분명한 건 그들의 강점이다. 이 강점을 활용해 스스로의 직무에 책임을 갖게 해야 한다. 다만 그 책임을 상사에게만 떠넘겨서는 안 된다. 관련 프로세스를 확립하고 시스템화하는 조직적 차원의 노력이 선행되어야 한다.

각자의 역할을 수면 위로 올려라

그렇다면 어떤 방법을 활용해 프로세스를 확립해야 할까? 가장 핵심은 각자의 직무 역할을 수면 위로 올리는 '드러내기'인데 이와 가장 유사한 개념이 '비주얼 플래닝Visual Planning'이다. 조직 내에서 누가 현재 무슨 일을 하고 있는지 투명하게 보이는 시스템을 만들면 직무에 대한 책임을 굳이 강조할 필요가 없다. 조직의 시스템이나 프로세스 자체가 확립되지 않은 상황에서 책임감을 운운하고 개인주의만 탓하는 건 의미가 없다. 각자의 직무 역할과 진행 상황을 투명하게 공유하는 시스템을 확립하면 된다.

아마존과 구글에 공통적으로 자리 잡고 있는 조직 문화 중 하나가 바로 투명성이다. 아마존의 경우 매일 진행해야 하는 업무가 분명하고 모두에게 공유된다. 스스로 진행할 프로젝트를 직접 선택하고 신속히 진행하는 전형적인 애자일Agile 조직[1]이다. 현재 누가 무엇을 하는지 업무 상황이 투명하게 드러나니 각자의 역할과 마감 기한 또한 분명하다. 구글도 직원들이 기밀 유지를 잘할 것이라는 전제하에 모든 주요 정보를 전사 공유하는 문화다. 사내 인트라넷을 통해 상품 출

1 애자일(Agile)은 '기민한' '민첩한'이라는 영어 단어로 애자일 조직은 민첩하고 빠른 조직을 뜻한다. 변화와 속도에 민감한 IT 기업들이 이 방식을 도입해 성장했다.

시 계획, 직원과 각 팀의 분기별 목표, 주간 활동 현황 등 누가 무슨 일을 하는지 충분히 알 수 있다. 정보 공유의 투명성은 구글을 오늘의 위치로 이끈 주요 원칙 중 하나다. 페이스북 코리아에 근무 중인 지인에게 가장 인상 깊게 들었던 이야기 중 하나도 바로 정보 접근성에 관한 것이었다. 전 세계 모든 페이스북 직원은 누구나 동일하게 회사 주요 정보에 접근할 권한을 가지고 있다고 한다.

비주얼 플래닝을 실행하는 방법은 여러 가지가 있지만 가장 보편적인 방법은 전사 공유가 가능한 사내 인트라넷이나 클라우드 기반의 업무 협업 툴을 활용하는 것이다. 직급과 관계없이 동일한 정보에 접근할 수 있는 권한을 부여하는 정보 투명성은 조직 구성원에게 소속감과 주인 의식을 일깨운다. 또한 내가 하는 업무와 진행 상황이 주기적으로 업데이트되니 그만큼 업무 몰입도가 높아지고 자신이 하는 일에 대한 책임감이 생긴다. 이러한 책임감은 비즈니스의 생명인 신속성, 협업과도 연결된다. 정보에 접근할 권한이 있으니 자신의 직무를 좀 더 효율적으로 처리하기 위해 누구의 도움이 필요한지 신속한 파악이 가능하고 소속 부서만이 아닌 조직 전체의 직무 흐름을 익히게 된다. 궁극적으로는 '나'라는 협의의 개인주의에서 벗어나 성과 달성을 위한 발전적인 개인주의에 집중하게 된다. 조직에서는 이러한 시스템과 프로세스를 확립하여 조직 구성원들의 업무 효율성과 생산성을 조직의 성장과 연결해야만 한다. 조직원들의 직무가 수면 위가 아닌 보이지 않는 수면 아래에 위치하는 범위가 넓을수록 조직 전체의 업무 효율성과 생산성은 떨어진다.

나의 것, 나의 권한과 책임, 나의 성장

90년대생은 명확한 이유와 기준을 중요시하고 불합리하다고 느낄 때 솔직하게 표현하는 세대다. 조직에서는 이러한 기준을 명확히 해줄 필요가 있다. 정시 퇴근이나 연차휴가 사용 등 당연한 권리에 대해 업무 책임감을 운운하는 건 본질에서 벗어난 접근 방식이다. 명확한 직무 역할을 가시적으로 드러내 현재 진행 상황을 공유하는 비주얼 플래닝, '나의 것'이라는 확실한 권한과 책임 부여, 공정한 직무 수행 능력에 대한 평가가 하나의 흐름으로 연결되어야 한다. 또한 협업이나 팀워크 역량이 직무 기술 역량 못지않게 중요한 역량임을 분명히 강조하고 각자가 협업에서 어떤 역할을 해야 하는지 스스로 결정하게 해야 한다. 팀 협업이 필요한 프로젝트를 진행한다면 그 결과물에 대한 기여도 평가 또한 명확해야 한다. 나의 것에 대한 소유욕, 경쟁의식, 명확한 의사 표현 등 90년대생이 가진 가치를 조직이 어떻게 활용하느냐는 조직 성장과도 직결된다. 조직은 이제 더 이상 조직 구성원이 머무는 곳이 아니다. 성장을 위해 지나가는 곳이다. 그들이 조직에 머무는 동안 개인 성장이 조직의 성장과 한 방향 정렬이 될 수 있도록 구체적인 프로세스를 확립하고 효과적으로 구조화하는 과정이 조직 성장의 핵심이다.

10 90년대생을 대하는 조직의 쿨한 자세, 성장해서 떠나라

조직 적응과 성장을 함께 돕는 밀당

신입 사원이 입사했을 때 적응을 돕기 위해 기업에서는 온보딩 프로그램을 운영하는데 형식적인 과정에 그치지 않으려면 다음 사항이 선행되어야 한다. 빨리 적응할 수 있도록 인간적인 부분에 대한 배려를 해 주되 조직에서의 각자 역할과 존재 이유에 대해서도 분명히 알려 줄 필요가 있다. 음악 회사에 근무했을 당시 새로운 직원이 입사하면 내가 항상 했던 한 가지가 있다. 입사한 신입과 비슷한 연령의 직원들을 모아 같이 점심을 먹는 것이었다. 입사를 축하하는 일종의 환영회 같은 개념이었다. 이런 자리는 한 시간으로는 부족하기에 참석 인원 상급자들도 이메일 참조란에 넣어 공식적인 자리임을 알렸다. 그래야 참석 직원들이 편안한 마음으로 그 시간을 즐길 수 있기 때문이었다. 식사 장소도 20대가 좋아할 만한 레스토랑을 예약했다. 처음 입사해 모든 것이 어색하고 낯설 신입 사원에게 또래 직원들과 편안하게 이야기할 수 있는 자리를 마련하는 건 해당 직원의 빠른 적응을 돕는다. 그런 자리에서 나의 역할은 새로 입사한 직원에게 가벼운 질문을 던져 다른 직원들과의 대화에 섞이도록 중간 역할을 하는 것이었다. 의도한 건 아니지만 코칭 면담을 오래 하다 보니 자연스럽게 배어 나오는 나의 습관 같은 것이었다. 이 외에도 신입 사원에게는 부서에 물어보기 애매한 궁금증이 생길 경우 언제든지 나에게 사내 메신저나 이메일로 편하게 물어보면 된다는 말도 덧붙였다. HR 담당자는 입사한 직원이 해당 조직에서 가장 처음 마주하는 사람이다. 모든 게 어색하고 낯선 그들에게 조직 내에서 도움을 줄 수 있는 존재가 있다는 점은 심리적인 안정감을 준다. 이처럼 HR 부서는 입사한 신입 사원의 조직 내 적응을 돕는 조력자 역할을 해야 한다. HR 부서의 역할은 채용이 끝났다고 해서 마무리되는 것이 아니다. 이후의 인재 육성에 대한 책임은 신규 입사자가 배치된 해당 부서뿐 아니라 HR 부서의 역할이기도 하다. 초반 조직 적응을 돕는 과정은 바로 그런 사후관리의 첫 단계다. 특히 조직 생활 경험이 전혀 없는 신입 사원일수록 초반의 적응 기간이 중요하다. 조직에서 수습 기간으로 정한 시간 동안 HR 부서에서도 해당 신입직원에게 좀 더 세심하게 신경을 쓸 필요가 있다.

수습 기간은 조직과 조직원 모두 서로를 평가하는 기간이다

신규 입사자의 조직 내 적응을 돕는 역할과 동시에 진행해야 할 일이 있다. 셀프 트랜스포메이션형 인재로 성장시키기 위해 조직의 존재 의미와 각 조직 구성원의 역할에 대한 명확한 인식을 심어 주는 일이다. 조직은 대학교의 연장 선상이 아니라 전혀 목적이 다른 곳임을 주지시켜야 한다. 신입 사원이라는 명칭은 새로 입사한 사람이라는 뜻이지 사고나 의식 자체가 아마추어라는 뜻이 아니다. 사회생활과 함께 급여를 받기 시작하는 순간부터 그 사람은 아마추어가 아닌 프로다. 처음 시작하니 모르는 것이 많을 수는 있지만 그래서 더 알려고 노력해야 하는 시기가 바로 수습 기간이다. 3개월 이내에 자신의 가치를 인정받을 수 있는 주도권은 육성하는 조직에 있는 것이 아니라 자기 자신에게 있다. 수습 기간은 계약서에 인쇄된 형식적인 글자가 아니라 면접만으로는 도저히 확인하기 힘든 그들의 현업 적응 능력을 평가하는 기간이기도 하다.

조직 입장에서 신입 사원 입사 후 1년은 그 사람의 미래가치에 대한 투자에 가깝다. 투자자 입장에서 자신이 투자한 기업의 가치를 따지는 일이 당연하듯 신입 사원을 채용한 기업 입장에서 입사한 직원이 회사 성장을 견인할 그릇인지를 살펴보는 건 너무 당연한 일이다. 조직은 신입 사원이 조직에 잘 적응할 수 있도록 관심을 기울여야 하지만 동시에 그들의 가치를 3개월 동안 객관적으로 평가해야 한다. 신입 사원 역시 수습 3개월 동안 내가 계속 근무할 가치가 있는 조직인지 직무 적합성은 맞는지 내가 성장할 수 있는 조직인지를 평가해야 한다. 수습 기간을 단지 형식적인 기간이 아니라 서로의 가치를 평가하는 기간으로 활용한다면 3개월은 결코 긴 시간이 아니다.

부서 색깔에 맞추는 도제식 신입 교육의 문제점

그런 의미로 부서 색깔에 맞춰 도제학습처럼 입사한 신입에게 A부터 Z까지 친절하게 가르치는 주입식 교육에서 벗어나야 한다. 도제식 신입 교육의 문제점은 팀 색깔에 맞춰 똑같은 인재를 양산하는 데 있다. 명확한 매뉴얼대로 가르치면 당장 현업에 투입해 일을 시키는 데는 도움이 되나 신입 사원 스스로 생각할 여지를 주지 않는다는 점에서 장기적으로는 직원의 자기 주도적 문제 해결 역량을 오히려 저해한다. 교육을 통해 다 알려 주는 것만이 능사가 아니다. 기본적으로 필요한 교육은 진행해야겠지만 본인 스스로 정보를 찾아보고 궁금한 사항들을 정리하면서 알아가는 시간도 함께 주어야 한다. 근래에는 기업마다 사내 지식 공유 인트라넷이나 온라인 서비스 플랫폼을 대부분 사용한다. 또는 온라인 기업 교육 업체와 계약을 맺어 직원들이 필요한 교육을 편하게 수강할 수 있도록 운영하는 기업도 많다. 이처럼 지식공유 인트라넷이나 온라인 교육 사이트가 있을 경우 어떻게 활용하면 되는지 간략히 설명해 주고 업무상 꼭 보아야 하는 자료나 교육 리스트 정도를 전달해 스스로 학습하게끔 하는 게 좋다. 학습한 내용에 대해 궁금한 점은 따로 정리하라고 한 후 하루에 한두 번 점검하고 알려 주면 된다. 스스로 학습하게 한 후 질문을 받아보면 그 직원의 수준을 파악하는 데도 도움이 된다. 정말 핵심적인 질문만 하는 경우도 있고 반대로 핵심만 피해서 질문을 하는 경우도 있다. 제대로 이해했는지 점검하면서 모자란 부분에 대해 보충해서 설명해 주고 추가적으로 더 알아야 할 사항에 대한 리스트를 전달해 다시 스스로 알아가는 시간을 가지게 하는 것이 좋다. **업무에 바로 투입시켜 바쁜 일을 나눠주기 위해 가르치는 게 아니라 조직과 직무에 대해 스스로 궁금증을 갖게 하고 전반적인 흐름을 이해하도록 지도하는 것이 더 중요하다.**

음악 회사 근무 당시 신입 사원에게 요청했던 게 있는데 소속 부서

회의뿐 아니라 모든 부서별 마케팅 회의에 얼마간 의무 참석하라는 거였다. 직접 회의에 참석하다 보면 다른 직원들과도 금세 익숙해지고 조직의 전반적인 상황도 빨리 파악하게 된다. 당시 부서별 마케팅 회의는 최고경영진과 임원을 포함하여 직급에 관계없이 전 부서원이 의무적으로 참석해야 하는 회의였다. 이 회의에서는 직급에 관계없이 자신의 담당 아티스트에 대한 마케팅 플랜을 담당자가 직접 발표했다. 신입 사원에게 이런 미팅에 참여할 수 있는 기회를 주는 건 좋은 경험이자 학습이 된다. 자신이 입사한 조직의 사람들이 일하는 방식, 부서별 분위기, 마케팅 경향, 트렌드, 현재 이슈 등에 대해 일일이 설명하지 않아도 직접 보고 느낄 수 있기 때문이다. 그리고 '머지않아 나 역시 저렇게 발표를 해야 하는구나' 하는 마음의 준비도 미리 하게 할 수 있다. 옆에 두고 가르치는 것만이 교육은 아니다. 장기적 관점에서 더 효과적인 온보딩 프로그램은 조직원이 스스로 배우고 경험할 수 있는 기회를 제공하는 것이다.

앞에서 언급했듯이 구글, 아마존, 넷플릭스에서 강조하는 역량 중 하나가 '모호함 다루기'다. 모호한 가운데서 길을 찾고 현명한 결정을 내리는 역량이다. 그러려면 신입 때부터 정답을 친절히 알려 주기보다는 스스로 길을 찾아가도록 이끌어야 한다. 똑같은 도제식 교육으로 우리 팀 색깔에 모든 직원을 맞추려고 한다면 그 직원들은 우리 회사, 우리 팀에만 최적화된 인재가 된다. 근무하는 **조직원이 '평생직장 은 없다'라고 생각하는 것처럼 조직 역시 '성장해서 떠나라'라는 마인드가 필요하다. 그러려면 여기에만 최적화된 인재보다는 어디에서든 핵심인재가 될 수 있는 자기 주도적 업무 방식을 심어 주어야 한다. 조직과 조직 구성원 모두 서로의 성장을 견인할 때 비로소 조직 문화가 바뀐다.**

11 90년대생의 트렌드를 조직에 수혈해라

조직의 5년 후 미래는 90년대생이 이끈다. 조직의 허리를 튼튼하게 하려면 지금부터 그들이 중심이 될 수 있는 문화를 만들어야 한다. 90년대생은 새로운 기술과 트렌드를 가장 빨리 받아들이고 당연한 일상처럼 활용하는 세대다. 그들이 일상에서 직접 경험해서 알고 있는 가치를 조직의 트렌드를 업데이트하는 데 활용해야 한다. 그리고 이들이 조직의 트렌드를 업데이트하는 데 필요한 의견을 눈치 보지 않고 편히 말할 수 있게 멍석을 깔아 주는 것이 조직이 할 일이다. 그렇다면 어떤 방식으로 90년대생의 젊은 트렌드를 조직에 수혈할 수 있을까? 이에 대해 도움이 될 수 있는 몇 가지 팁을 다음과 같이 정리했다.

명칭의 중요성

기업에서는 조직 혁신이라는 말을 습관적으로 자주 사용하는데 어쩌면 그 단어가 오히려 조직 혁신을 가로막는 이유일 수도 있다. '혁신'이라는 표현은 너무 무겁고 부담스럽다. 만약 조직 혁신을 위한 아이디어를 내 보라고 직원들에게 요청한다면 아무도 선뜻 나서지 않을 것이다. 혁신에 걸맞은 거창하고 획기적인 아이디어를 내야 할 것 같기 때문이다. 좀 더 가벼운 표현을 사용해 대단한 아이디어가 아닌 사소한 의견을 끌어내는 게 오히려 젊은 세대가 부담 없이 참여하는 문화를 형성하는 첫걸음이다. 그 대신 이런 표현은 어떨까?

- √ 조직 트렌드 업데이트
- √ 우리가 미래다 프로젝트
- √ 젊은 피 수혈 프로젝트
- √ 이런 거 어때요 프로젝트
- √ 1일 1아이디어 프로젝트

아이디어 원칙 세우기 및 그룹 구성

참여를 유도할 수 있는 모임 명칭이 정해졌다면 그다음에 할 일은 간단한 모임 원칙을 만드는 것이다. 너무 세부적인 원칙 말고 3~5개

정도의 가벼운 느낌이 좋다.

1. '나'에게 이익인 것이 아니라 '조직'에 이익인 것
2. 평소에 '이런 방법을 활용하면 좋을 텐데 왜 우리 회사는 안 하지?'라고 생각했던 것
3. 사소하지만 중요한 것

원칙이 세워졌다면 그다음 할 일은 그룹 구성이다. 되도록 같은 부서가 아닌 타 부서 간, 성비와 조직원 성향을 고려해 구성하고 90년대생이 중심인 만큼 사원·대리급으로 한정해서 편하게 의견 교환이 가능한 분위기를 조성하는 것이 좋다. 새로운 트렌드 수혈이라는 본래의 목적 외에도 부서 간 교류를 통한 커뮤니케이션 기회라는 간접적인 효과도 있다. 미팅 시 필요한 문서 템플릿이나 기타 지원비 등 실제 운영에 도움을 줄 퍼실리테이터Facilitator를 선정해 각 그룹별 중간 과정을 수시로 점검하며 조율하는 것이 좋다. 위 사항들은 어디까지나 이해를 돕기 위한 예시일 뿐이다. 각 조직 상황과 규모에 맞춰 적합한 방법론을 고민해야 하지만 한 가지 잊지 말아야 할 것은 자유롭게 의견을 낼 수 있는 편안한 분위기 조성이다. 다양한 부서의 직원들로 구성된 그룹의 멤버로서 토론과 협의를 거쳐 의견을 모으고 조율해 가는 과정을 경험하는 건 구성원들에게도 값진 경험이다.

상위 직급자만 참여하는 '그들만의 리그'를 줄여라

사내에 따로 퍼실리테이터 역할을 할 사람이 마땅치 않다면 위와 같은 프로그램 운영이 쉽지만은 않다. 따로 프로그램을 운영할 상황이 아니라면 현업에 존재하는 것들에서 해답을 찾는 발상의 전환이 필요하다. 가장 중요한 건 20대 직원들이 자신의 의견을 자연스럽게 표출하는 조직 문화의 조성이다. 그러려면 그들이 조직 내에서 중요한 역할을 하고 있다는 인식을 심어 주어야 한다. 모든 조직에는 다양한 형태의 회의가 존재한다. 하지만 여전히 많은 조직에서 부서장과 각 팀의 팀장급만 회의에 참석하는 경우가 많다. 그러나 부서 관련 중요한 사항이나 매출 관련 회의는 직급 관계없이 전 부서원을 참석시키는 것이 좋다. 사원 때부터 그런 회의에 의무적으로 참석하는 것이 중요한 이유는 그래야 자신이 맡은 직무뿐 아니라 부서의 전반적인 업무 흐름을 더 빨리 익힐 수 있기 때문이다. 주기적인 회의를 통해 업데이트된 상황을 알게 되고 부서 매출이 단지 부서장과 매니저만이 책임을 져야 하는 부분이 아니라 모든 부서 구성원의 공통 역할이라는 인식을 자연스럽게 가지게 된다. 전체 업무 흐름을 읽을 줄 알아야 내가 하는 직무가 어떤 역할과 기능을 하는지 더 명확해진다. 조직 내에 상위 직급자 위주로 돌아가는 것들이 많아질수록 직원들의 주인의식은 떨어진다. 또한 여러 단계를 거쳐 중요한 사안이 전달될수록 높은 위치의 의사 결정권자와 사원 간의 거리감은 더 멀어지고 정보의 중요성도 감소한다. 사원 때부터 자신이 속한 부서 관련된 회의에 직접 참석하고 경험하는 기회를 주어 누군가에게 정보를 전달받는 사람이 아니라 직접 참여하는 주체가 되게끔 해야 한다.

내가 근무했던 조직의 경우도 초반에는 상위 직급자 위주의 미팅이 대부분이었다. 본사에서 중요한 위치의 사람이 한국 지사를 방문해도 직접 미팅에서 대면하는 사람들은 상위 직급자 위주이다 보니 그 이하 직급의 사람은 방문자가 본사에서 어떤 역할을 하는지 그리 관심이 없었다. 나의 일이 아닌 윗사람의 일이었기 때문이다. 사무실 공용 공간에서 마주쳐도 직접 마주할 일 없는 직원들에게는 해외 어딘가에서 온 방문객일 뿐이었다. 하지만 시간이 지나 조직 문화가 바뀌면서 이 부분이 변했다. 한국 지사의 대표님 요청으로 본사 대표님이나 중요한 위치의 직원이 방문했을 때 대회의실에 전사 직원을 모이게 해서로 가벼운 인사말을 건네는 시간이 마련되었다. 대회의실에 모두 서서 중요한 이슈나 조직이 나아가야 할 방향성을 짧게 얘기하기도 했고 한국 지사가 이룬 성과에 대해 본사 대표님이 치하하기도 했다. 비록 15~20분의 짧은 미팅이었지만 방문자가 본사에서 어떤 역할을 하는 사람인지 직원들이 알게 되었고, 본사와 지사가 서로 무관하지 않다는 막연한 연결 의식을 자연스럽게 느끼게 하는 계기가 되었다.

딱딱한 미팅을 통한 업무적인 만남이 아니라 캐주얼한 분위기에서의 느슨한 연대 의식을 느끼는 경험이었다. **조직 내에 오직 상위 직급자만 참여하는 '그들만의 리그'가 늘어날수록 90년대생이 선호하는 조직 문화에서 멀어진다. 그들에게 진정한 주인 의식을 느끼게 하려면 회사의 중요한 미팅이나 의사 결정 과정에 직간접적으로 참여시켜 상위 직급자들을 위한 '그들만의 리그'가 아니라 모든 직원이 회사의 주요 사안을 공유받는 주체라는 의식을 심어 주어야 한다.**

직속 상사 역할에 대한 의미 재고

가끔은 직속 상사라는 개념이 오히려 부하 직원의 자기 주도성을 가로막는 역할을 하는 시스템이라는 생각이 들 때가 있다. 단계별 보고 체계가 확실한 조직의 경우 더욱 그렇다. 각 직급 및 직무 역할이 지나칠 정도로 확실해 오히려 사원은 사원의 역할만, 대리는 대리의 역할만으로 한정하는 상황을 만든다. 이런 경우 나에게 주로 업무 지시를 하는 바로 위의 직속 상사가 조직 내에서 가장 오랜 시간 대면하는 사람이다. 내가 주체가 아닌 누군가를 통한 업무 진행만 가능한 조직은 자기 주도적인 인재를 양성할 수 없다. 직속 상사의 존재가 부하 직원에게 있어 안전한 보호막은 될 수 있겠지만 업무를 바라보는 시야는 오히려 좁아질 수밖에 없다. 또한 오랜 시간을 마주해야 하는 직속 상사가 나와 잘 맞으면 의존도가 강해지고 반대로 맞지 않으면 퇴사 생각만 간절해진다. 직속 상사라는 현재 개념보다 부서 내 멘토에 가까운 역할을 할 사람을 두되 직무의 자율성과 권한을 심어 주는 것이 장기적으로 직원의 성장과 직무 확장에 도움이 된다. 업무를 가르치고 지시하는 사람이 아니라 스스로 알아서 잘할 수 있도록 능동적 직무 수행을 돕는 역할을 해야 한다. 그러려면 직급별 역할 정의와 보고 체계에 유연성을 두는 노력이 조직 차원에서 선행되어야 한다. 또한 부서 구성원 모두가 똑같이 알 권리에 차등을 두어서는 안 된다. 조직 문화 자체에 변화를 주는 일은 조직 최고경영진의 적극적인 참여가 무엇보다 중요하다. 회사를 이끄는 사람이 가장 적극적인 참여자가 되어야 부서장이 변하고 이어서 그다음 조직원들이 변한다. **오랜 시간 이어져 온 관행을 깨는 것은 인내심과 꾸준함이 필요한 일이다. 하지만 이런 노력 없이 자기 주도적인 인재만 채용한다고 해서 조직 자체가 자기 주도적인 문화로 바뀌지는 않는다. 그런 인재는 오히려 조직의 현실을 경험한 후 더 빨리 퇴사할 가능성이 크다. 조직의 구조와 시스템에 먼저 변화를 줘야 기존의 직원이 변하고 새로 입사할 자기 주도적 성향의 인재도 적응한다.**

자기 권한을 갖고 주도적으로 일을 해 본 사람이 무언가에 대한 의견도 제시할 수 있다. 자신의 직무 역할에 한정해 직속 상사의 지시만 받는 수동적인 조직 문화에서 20대 직원이 자신의 의견을 개진할 수 있을까? 90년대생의 트렌드를 조직에 수혈하려면 그들이 중심이 될 수 있는 문화를 조성해 주어야 한다. 직급에 맞는 부하 직원의 역할이 아닌, 내가 회사의 주인이라는 의식을 가질 수 있도록 지금 당장 현업에서 할 수 있는 미팅 문화와 정보 공유 문화부터 점검하기 바란다. 보안을 유지해야 하는 사항 외에 조직의 일은 조직 구성원 모두의 일이다. 특정 직급 이상만 알아야 하는 조직의 일이란 없다.

12 아마존의 생존 방식, 될 사람은 알아서 생존한다

HR 담당자로 근무하며 그동안 수많은 외부 교육과 세미나에 참석했다. 참석 시기도 다루는 주제도 각각 달랐지만 그때마다 기업 사례로 항상 등장하는 기업들이 있었다. 바로 아마존, 구글, 테슬라, 애플이다. 변화, 혁신, 비즈니스 모델, 4차 산업혁명, 조직 문화, 핵심 역량, 리더십 등 각기 다른 주제의 다양한 교육과 세미나임에도 어김없이 등장하는 기업들이었다. 특히나 단골손님처럼 등장하는 애플의 스티브 잡스 일화는 이제 그만 언급했으면 좋겠다는 생각이 들 정도였다. 잡스의 사망 이후 그 대상은 테슬라의 CEO인 엘론 머스크Elon Reeve Musk로 넘어갔지만 말이다. 하지만 같은 주제가 아닌데도 자주 언급되는 것이 단지 우연의 일치이거나 요즘 잘나가는 기업이기 때문만은 분명히 아닐 것이다. 코로나19로 미국에서 실업대란이 벌어진 가운데 아마존, 구글, 애플, 페이스북 등 이른바 빅테크 기업들은 여전히 승승장구하고 있다. 이 상황에서도 역시 성장하는 기업들이 있다.

이중 아마존은 언택트 특수를 톡톡히 누리고 있다. 봉쇄령으로 외출이 어려워지면서 온라인 주문이 폭증했기 때문이다. 2020년 6월 20일, 영국의 일간지인《파이낸셜타임스》는 전 세계 상장 기업을 대상으로 연초부터 6월 17일까지 시가 총액 증가 규모를 집계해 '코로나에도 시총 급증한 기업 TOP 10'의 순위를 매겼는데 1위가 바로 아마존이다. 많은 기업들이 코로나19로 인해 심각한 타격을 받는 가운데에도 아마존은 오히려 코로나 특수에 힘입어 2020년 1년간 물류 관련 인원을 43만 명 추가 채용했다.

중의적 표현 '아마존'

아마존이라는 기업을 처음 알게 되었을 때 궁금했던 건 열대우림 아마존과의 관련성이었다. 아마존은 세계에서 가장 넓고 가장 다양한 생물이 사는 생태계의 보고, 지구에서 필요로 하는 산소의 4분의 1

을 생성한다고 알려진 지구의 허파라 불리는 곳이다. 하지만 그런 지식적인 측면 외에 아마존 하면 떠오르는 건 한 번 발을 디디면 다시 빠져나오기 힘든 미지의 세계라는 이미지와 함께 자연스럽게 연상되는 '생존'이라는 단어다. 기업 예시로 아마존을 자주 언급하다 보니 사전 자료 조사 과정 중 실제 아마존 내에서도 '아마존'이라는 단어가 중의적 표현으로 자주 사용된다는 것을 알게 되었다.

아마존에 입사한 신입에게는 각자 알아서 정글에서 살아남을 수 있도록 네 가지 생존 도구가 주어진다고 한다. 린치 플랜Launch Plan이라 불리는 두 장의 짧은 문서, 지식공유 플랫폼인 사내 위키, 부트캠프Bootcamp라 불리는 온라인 기반 교육 훈련, 마지막으로 멘토링 시스템이다. 멘토링 시스템도 조직에서 멘토를 강제 지정하는 것이 아니라 자발적인 지원에 의해 진행된다고 한다. 이렇게 아마존에서 신입 사원에게 제공하는 네 가지 생존 도구에는 한 가지 공통점이 있다. '기본적으로 필요한 것은 제공할 테니 알아서 터득하고 자생력을 키워 생존해라'라는 전제다. 신입 사원을 친절하고 체계적으로 가르쳐 주어야 하는 존재가 아니라 기본적인 도구를 제공하면 스스로 터득하고 활용할 수 있는 역량이 충분한 존재라는 전제에서 출발한다. 이런 출발은 실제 아마존의 조직 문화이기도 하지만 이미 이런 역량이 어느 정도 내재되어 있는 사람을 채용 단계에서부터 주의 깊게 파악한다는 의미다. 구글이 직원들의 교육과 훈련에 들어가는 엄청난 비용과 시간을 직원 채용에 집중하듯이 아마존도 다르지 않다. '최고의 인재를 뽑아 육성하라'는 아마존의 14가지 리더십 원칙 중 하나이기도 하다.

성장하는 기업은 성장하는 조직원을 필요로 한다

뛰어나지 않으면 도태될 수 있다는 압박감, 주어지는 결정권과 권한만큼 커지는 책임감, 산업 환경이 변화하는 속도만큼 계속해서 주어지는 도전 거리와 기회는 변화 유연성과 자기 주도적인 성향이 없다면 견디기 힘든 환경이다. 계속 성장하는 조직에서는 구성원도 계속 성장해야만 한다. 조직 내에서 나의 위치가 어디쯤인지 자신의 기여도를 명확히 알 수밖에 없는 '스크럼 프로세스[1]'는 조직에서 강조하지 않아도 직원들 스스로 현실을 직시하고 경쟁심을 갖게 만드는 아마존 성장 동력 중 하나라고 한다. 동시에 이런 치열한 경쟁 환경이 빅테크 기업 중에서도 가장 근속 연수가 짧은 이유이기도 하다. 밀림 아마존이 누군가에게는 모험할 만한 가치가 있는 미지의 세계이듯, 기업 아마존도 누군가에게는 자신의 성장을 시험할 수 있는 매력적인

1 기업 아마존에서 사용하는 애자일(Agile) 프로세스의 방법 중 하나다.

무대다. 권한을 갖고 자기 주도적으로 일하고 싶은 사람, 변화 유연성과 성장 욕구가 강한 사람, 결정에 머뭇거림이 없고 모호한 가운데서도 문제 해결력을 보이는 사람들이 여기에 해당될 것이다. 모든 면에서 완벽하게 모든 조직 구성원을 만족시키는 기업은 없다. 그건 유토피아에서나 가능한 일이다. 조직은 성과를 바탕으로 이윤을 추구하는 곳이다. 그 안에서 조직 구성원과 조직 모두가 성장한다면 가장 좋은 그림이겠지만 어차피 평생직장이라는 의미가 소멸된 지 오래라면 조직 구성원은 근무하는 동안 조직 성장에 기여함으로써 자신의 성장을 도모하고 조직은 조직 성장에 더 많은 기여를 할 수 있도록 조직 구성원의 성장을 돕는 선순환을 만드는 것이 현명한 일이다. 아마존이라는 치열한 경쟁 밀림에서 역량을 인정받는 사람이라면 이미 어디에서건 생존 가능한 DNA를 장착한 사람이라고 할 수 있다. '코로나에도 시총 급증한 기업 TOP 10' 중 1위를 차지한 기업, 코로나19로 실업대란이 일어난 2020년 한 해 동안 43만 명이라는 신규 인력을 추가적으로 채용한 기업이니 말이다.

13 구글의 인재 집착, 애초에 될 사람에 집중한다

구글의 인재 집착

구글은 2019년 기준 인사팀만 직원 2,500여 명을 둘 정도로 직원 채용에 엄청난 비용과 시간을 집중하는 기업이다. 몇 년 전 외부 교육을 통해 구글의 인재 집착에 대한 내용을 접할 당시 나는 기업의 핵심인재의 정의에 관한 고민을 심각하게 하고 있을 때였다. 그 고민을 하기 전까지 인사 담당자로서 마음에 두고 있던 두 가지가 있었다. 하나는 대학원 성인 학습 수업 시간에 교수님께서 강의 도중 하신 말씀이었다. 어떤 상황에서 나왔던 이야기인지는 정확히 기억나지 않는다. 다만 '교육 담당자가 교육의 힘을 믿지 않으면 어떡하겠습

니까?'라고 말씀하셨던 게 머릿속에 강하게 각인되었다. 다른 하나는 '모든 인간은 잠재된 역량을 갖고 있으며 이러한 구성원의 잠재력 개발과 성장을 도와 조직의 성과로 이어지게 하는 것'이라는 비즈니스 코칭 교육 때 배웠던 기업 코칭의 정의였다. 이 두 가지는 오랜 기간 HR 총괄 담당자로서 기본적으로 지니고 있던 마음가짐이기도 했다.

제대로 뽑은 직원에게는 교육이 필요 없다

그러다 시간이 지나면서 그 믿음에 조금씩 균열이 생겼다. 여전히 나는 교육의 힘을 믿으며 인간에게는 개발되지 않은 무한한 잠재 역량이 있다고 믿는다. 하지만 동시에 역량의 빙산 모델처럼 수면 밑 보이지 않는 곳에 위치한 인간의 자아상, 특질, 동기와 같은 교육만으로는 분명히 변화시키기 어려운 선천적인 영역이 있다는 것도 인정한다. 구글이 직원 교육과 훈련에 드는 시간과 비용보다 오히려 채용에 더 많은 시간과 비용을 투자하는 것도 그런 이유다. 제대로 된 역량을 갖춘 인재를 채용하면 재교육에 드는 비용과 시간을 절약할 수 있다. 어찌 보면 조직의 HR 부서에서 조직 성장을 위해 실행하는 개인 개발, 경력 개발, 조직 개발의 솔루션 중 개인 개발이나 경력 개발 영역은 개인의 몫이 더 크다는 의미라고 볼 수도 있다.

입사 후 개인이 충분히 습득해 나갈 수 있는 자기 주도성을 갖춘 인재라면 직급이 올라가면서 받는 리더십 교육이나 입사 후 받는 조직 사회화 교육은 굳이 필요 없다는 입장에 어느 정도 동의한다. 오랜 기간 직원들이 성장해 가는 모습을 지켜보면서 느낀 점이기도 하다. 직원 채용 시 항상 모든 지원자가 너무나 흡족해서 채용한 것은 아니었다. 이건 인사 담당자라면 어느 정도 공감하는 부분일 것이다. 급한 경우 현재가 아닌 미래의 가능성 때문이라는 어설픈 합리화로 뽑는 때도 있었고 좋은 지원자가 많이 응시했다면 선택되지 않았을 후보자를 뽑아야 하는 상황도 있었다. 후보자에게는 시기를 잘 만난 어느 정도의 운이 작용한 경우다. 급한 경우 평균이나 평균을 조금 웃도는 수준이기만 해도 채용했다. 하지만 서류심사와 면접만으로 판단한 평균 혹은 평균 이상에는 면접자가 철저한 준비로 스스로를 과장하고 부풀렸을 가능성도 포함된다. 즉, 평균은 실제 평균을 밑도는 수준일 수 있고 평균 이상은 겨우 평균 정도 되는 수준일 수 있다는 의미다. 인원이 급한 부서의 요청을 최상의 지원자가 아직 없다는 이유로 계속 미룰 수만도 없기에 때로는 현실과 타협해 최상이 아닌 최선을 선택하곤 했다.

너무 급한 상황이라 적당히 무난한 지원자로 타협했을 때 결국 조직의 부담으로 작용했던 경우가 많았다. 반대로 무릎을 칠 정도로 면접관 모두에게 베스트였던 직원들은 근무 기간 내내 HR 부서의 신경이 쓰이지 않게 한다는 공통점이 있었다. 그들은 알아서 적응하고 알아서 성장했다. 역량 부족, 관계 갈등이나 커뮤니케이션 부족 문제로 인사 담당자가 개입할 필요성이 없는 직원들이었다. 나이와 직급에 비해 항상 더 상위 단계의 사고를 하니 그들이 알아서 좋은 리더의 방향으로 성장해 나가는 모습을 조용히 지켜보기만 하면 되었다. 모두가 이런 직원이라면 얼마나 좋을까? 구글이 말하는 것처럼 이런 인재만 채용할 수 있다면 직원 재교육과 훈련에 드는 비용을 엄청나게 줄일 수 있다. 어쩌면 이 의견은 사내 교육 담당자들의 입지를 좁히는 위험한 발언일 수도 있다. 또한 누군가는 젊은이들의 꿈의 직장이라 불리는 구글 정도나 되어야 오랜 시간에 걸쳐 고를 만큼의 유능한 인재들이 모이는 것 아니냐고 반문할 수도 있다. 중소기업에서는 조직문화나 근무 조건에 있어 젊은 세대를 유혹할 만한 강점이 존재하지 않는 한 이것저것 따지고 고를 만큼의 선택 기회가 부족한 것이 사실이다. 그렇다 하더라도 교육과 훈련에 들이는 시간과 비용의 가성비는 따져 보아야 한다. 사람을 잘못 뽑으면 교육 훈련을 포함해 백약이 무효라는 구글의 깨달음처럼 교육 내용이 아무리 좋아도 교육 대상이 그 가치를 인지하는 수준이 되지 못한다면 밑 빠진 독에 물 붓기다.

조직이 담을 그릇이 되어야 인재가 모인다

결국 조직이 인재를 담을 만한 그릇의 크기를 키워야 그런 인재들이 모일 것이고 이중에서 핵심인재를 골라내는 작업에 에너지를 쏟을 수 있다. 닭이 먼저냐 달걀이 먼저냐인데 조직의 고민이 먼저다. 성장 가능성, 수평적 조직 문화, 확실한 비전과 핵심 가치 등등 내세울 수 있는 무언가가 있어야 한다. 그릇의 크기를 계속해서 키우는 일과 좋은 인재 선별에 쏟는 에너지는 '따로 또 같이'가 아니라 반드시 병행해야 하는 일이다. 이미 담을 그릇이 충분하다면 급하다고 평균치로 타협하는 채용은 좀 더 심사숙고할 필요가 있다. 구글은 중요한 자리가 공석이라 업무적인 차질을 빚더라도 좋은 인재 채용을 위해 모두가 불편을 감수해야 한다는 문화가 정착되어 있다고 한다. 사실 이런 문화 정착 없이 인원이 급한 부서의 합의를 끌어내는 건 아무리 좋은 인재 채용이라는 목적이라도 어려운 일이다. 미리 될성부른 나무의 떡잎을 골라내는 작업을 확실히 해 조직의 가치를 높일 사람에게 집중하는 구글의 방식은 시사하는 바가 크다.

1장에서 언급했듯이 코로나19 이후 공채 채용 폐지 및 수시·경력 채용 비중 확대와 언택트 기조가 확산되면서 수백에서 수천 명씩 뽑던 공채가 점점 자취를 감추고 있다. **'될성부른 나무는 떡잎부터 알아본**

다'라는 말처럼 많은 기업들이 채용 후 '키울 사람'이 아니라 '될 사람'과 경력을 통해 이미 '검증된 사람'을 선발하려는 경향이 코로나19 이후 점점 강해지고 있다. 여기서 '될 사람' '검증된 사람'이란 결국 셀프 트랜스포메이션 역량을 갖춘 인재다. 애초에 잘못된 채용을 최소화하면 재교육과 육성에 드는 시간과 비용 낭비를 줄일 수 있다는 구글의 사례는 많은 기업들이 반드시 주목해야 하는 부분이다.

14 수면 밑 보이지 않는 역량

리더십 이론은 우리가 생각하는 것보다 훨씬 다양하다. 자주 언급되는 종류로는 변혁적 리더십, 거래적 리더십, 서번트 리더십, 카리스마 리더십, 진성 리더십, 셀프 리더십, 임파워링 리더십 등이 있고 시대 흐름에 따라 선호하는 리더십 종류도 계속 변화한다. 어떤 리더십이 더 좋다 나쁘다의 기준은 없다. 다만 거시 환경, 산업 환경, 조직 핵심 역량, 조직 문화 특성, 조직 규모, 업의 본질, 경영 상황 등 수많은 변수를 고려해 이에 맞는 리더십을 발휘하는 것이 더 중요하다. 뛰어난 리더는 굳이 이론으로 존재하는 리더십 종류를 알지 못해도 상황에 따른 리더십을 발휘할 줄 안다. 정답은 없다. 리더십 종류가 한 가지가 아니듯 좋은 리더라면 상황을 직관적으로 판단하고 그 상황에 맞는 리더십으로 변주할 줄 알아야 한다. 연애나 개그를 책으로 배우지 않듯 리더십을 이론으로만 배운다고 해서 좋은 리더에 가까워지는 것은 아니다.

리더십 변주 역량은 결국 수면 밑 보이지 않는 영역

상황에 맞게 리더십을 변주할 줄 아는 직관과 문제가 발생했을 때 빠르게 판단 후 해결책을 제시하는 문제 해결력은 빙산 모델의 수면 밑에 존재하는 자아상, 특질, 동기 영역에 해당한다. 물론 경험에서 쌓이는 판단력과 문제 해결력도 있다. 직무 경력이 길어지면 여러 가지 경험이 쌓이게 되고 이를 바탕으로 판단하고 문제를 해결하는 역량 또한 개발되기 때문이다. 하지만 경험에서 쌓인 역량만으로는 부족하다. 비즈니스 세계에서는 예측 불가한 새로운 문제가 시시각각 발생한다. 특히나 요즘처럼 빠르게 변화하고 예측이 어려운 시대에는 더욱 그렇다. 경험하지 못한 상황에서도 문제 해결력을 발휘해야 하는데 이 부분은 경력이나 직급에 비례하지 않는다. 이 부분에서 핵심인재와 보통 인재, 역량 있는 리더와 보통 리더가 구분된다. 이런 역량은 수면 밑에 있는 자아상, 특질, 동기 영역에 해당하기 때문이다. 경험과 연륜만큼 자동적으로 축적되는 기술이나 지식과는 달리 어느 정도 타고나는 요소다. 수면 밑 역량에서의 강점을 가진 직원의 경우 장기적 직무 행동 예측이 가능하다. 될성부른 나무는 떡잎부터 알아본다는 말처럼 이런 직원들은 사원 때부터 눈에 띈다.

아마존이 직원을 채용할 때 바 레이저의 역할을 중시하고 구글이 채용에 엄청난 시간과 공을 들이는 이유는 결국 수면 밑 보이지 않는 영역을 확인하고 검증하기 위함이라고 할 수 있다. 취업 컨설팅이나 면접 노하우를 알려 주는 다양한 정보를 통해 습득한 지식으로 무장한 지원자라고 하더라도 실제 그 사람의 수면 밑 영역까지 완벽히 감추는 것은 불가능하다. 리더십의 변주가 가능한 인재는 결국 수면 위 지식과 기술이 아닌 수면 밑 보이지 않는 영역에 강점을 가진 인재를 의미한다. 이런 인재는 스스로 알아서 좋은 리더로 성장한다. 리더의 위치가 되었을 때 상황에 맞는 직관력을 발휘해 리더십을 변주하는 판단력과 문제 해결력을 보인다. 인재 육성의 시작점은 교육이 아니라 채용부터다. 단지 빈자리를 채우기 위해 적당히 타협하는 채용은 나중에 조직의 부담으로 고스란히 돌아온다.

15 애자일 조직은 이제 선택이 아닌 필수

대기업은 기본적으로 최종 결정과 승인까지 오랜 시간이 걸린다. 이는 음악 회사 근무 당시 마케팅 담당 직원들이 불만을 토로하는 부분이기도 했다. 불만의 기준은 자신이 속한 회사와의 비교일 수밖에 없다. 음악 시장은 변화가 가장 빠른 산업군 중에 하나이다 보니 뭐든 빠르게 결정하고 실행하는 조직 문화를 가지고 있다. 물론 인원이 수천 명에 이르는 대기업과 글로벌 기업의 지사를 비교할 수는 없는 일이란 걸 직원들도 모르는 건 아니었다. 그럼에도 불구하고 최종 계약까지 가는 데 지나치게 많은 승인 단계와 복잡한 절차, 각종 서류 요청이 네버엔딩 수준으로 이어지니 머리로는 그곳 담당자들도 내부 절차를 따라야 한다는 걸 이해하면서도 지치는 건 어쩔 수 없었을 것이다. 실제 음악 회사의 경우 업무량이 만만치 않다. 비교적 권한을 많이 위임하는 문화이다 보니 직급별로 차근차근 배워 나갈 수 있는 구조도 아니었다. 한 번에 여러 가지 일을 수행하는 멀티태스킹이 되지 않으면 신입이 입사해 가장 먼저 마주해야 하는 것은 '멘탈 붕괴' 상황이었다. 그런 상황을 마주하지 않으려면 무엇보다도 일의 우선순위를 두는 습관이 중요했다. 한 가지에 오랜 시간을 소요하다 보면 정작 중요한 일을 놓치기 십상이기 때문이다. 업무 단계별로 완전히 다 숙지해야 직성이 풀리는 사람들은 힘든 문화였다. 모든 걸 다 깊이 있게 알려고 하다가는 모든 기한을 다 놓칠 가능성이 커지기 때문이다. 하나를 끝냈다고 휴식이 주어지는 것이 아니라 어차피 새로운 일은 계속 쌓이므로 속도에서 밀리게 되면 업무 생산성이 떨어질 수밖에 없다.

애자일 조직으로 운영될 수밖에 없는 이유

빠른 결정과 판단력은 변화와 속도가 일상인 기업에서 반드시 갖추어야 하는 필수 역량이다. 조직 문화를 이야기할 때 수평 문화에 대한 언급을 많이 하는데 수평 문화라는 것은 단순히 건전한 조직 문화를 위한 것만이 아니다. 오히려 업무의 효율성과 생산성의 극대화라는 목적이 더 크다. 수직적인 분위기의 조직에서는 직급별 권한과 승인, 결재권이 확실하다. 각 단계가 많다는 건 그만큼 시간이 오래 소요된다는 걸 의미한다. 속도면에서 뒤처질 수밖에 없다. 변화 속도가 빠른 산업군에서는 상황 변화에 탄력적으로 대처해야 하는데 이러한 유연성을 가지려면 상명 하달식 방식으로는 무리가 있다. 피라미드식 조직 구조에서는 권한이 아래로 이양되지를 못하므로 더 많은 단계의 승인 과정과 결재가 필요하다. **빠르게 변화하는 시장에 맞추려면 직급 간, 부서 간 경계를 낮춘 수평적인 분위기의 조직이어야 결정도 신속하게 이루어진다. 속도와 변화에 민감한 IT 기업들이 애자일 조직으로 운영되는 이유다.**

애자일 조직은 민첩하고 빠른 조직을 뜻하며 부서 간 경계를 허물고 필요에 맞춰 소규모 팀이나 셀Cell을 구성해 업무를 수행한다. 아마존은 전형적인 애자일 조직이다. 속도와 효율을 중시하는 아마존에서는 애자일 프로세스에 따라 팀들이 업무를 진행하는데 상사의 지시가 아니라 매일 자신이 해야 할 일을 결정하고 모두가 볼 수 있게 포스트잇에 적어 보드에 붙인다고 한다. 그리고 매일 15분 정도 자신의 업무 진행 상황을 공유하는 스탠드업 미팅을 진행하므로 직원들이 서로가 그날 하는 작업에 대해 훤히 알 수밖에 없다고 한다. 애자일 조직으로 업무를 진행하면 일의 효율성과 생산성은 당연히 높아진다. 조직 생활을 해 본 사람이라면 동의할 것이다. 매일 8시간씩 책상을 지키고 있지만 그 시간 중 과연 업무에 온전히 매진하는 시간은 얼마나 될까? 인당 생산성은 사람 성향에 따라 직무 특성에 따라 각자의 역량에 따라 달라진다. 직급이나 직무가 비슷해도 업무 효율성과 생산성이 같진 않다는 걸 우리 모두 알고 있다. 하지만 시스템 자체가 효율성과 생산성이 높아지게끔 설계된다면 자신의 여유로운 성향, 지나친 신중함, 부족한 역량은 그대로 수면 위로 올라와 투명하게 보인다. 그날 할 일이 정해지고 진행 상황을 서로 공유하니 업무 속도가 빨라야 하는 건 당연한 일이다. 글로벌 IT 기업들이 이러한 애자일 방식을 도입해 성장한 건 그런 이유에서다. 변화가 일상인 조직 특성을 가진 IT 기업에서 속도 경쟁은 생존이기 때문이다.

애자일 조직이 특정 기업에만 해당하는 개념일까?

애자일 조직은 일부 IT 기업이나 스타트업 기업에나 해당된다고 비판하는 의견도 있다. 하지만 현재 상황을 눈여겨보기 바란다. 과연 IT 기반 산업과 무관한 산업군이 앞으로 존재하기는 할까? 금융 산업의 경우 인터넷 뱅킹, 모바일 뱅킹이 도입되면서 기술적 영역으로 확대된 지 이미 오래다. 여기에 핀테크Fintech라는 개념이 생기면서 정보 기술과의 결합이 좀 더 구체화되었다. 기술이 도입될 시점에는 IT가 보조적인 수단이었다면 현재 금융계의 변화를 보았을 때 오히려 상황이 역전되었다는 생각이 든다. 이제는 아예 IT 전문 기업들이 금융 영역을 넘보며 위협하는 상황이다. 전통 금융 산업인 은행과 카드사에서는 신규 채용을 줄이는 반면 핀테크 산업 쪽은 오히려 채용이 늘고 있다. 핀테크 산업에 대한 지원자들의 이해도도 몇 년 전과 비교해 높아졌다고 한다. 코로나19 이후 각 산업군에서는 빠른 속도로 IT 기반으로의 전환과 확대에 관한 전략을 수립하고 있다. 이 부분은 정부도 마찬가지다. 정부가 발표한 한국판 뉴딜 정책에는 경제의 디지털화 확대 및 비대면 산업 육성에 관한 내용을 담고 있으며 이를 토대로 디지털 기반 일자리 창출 및 디지털 경제로의 전환 촉진을 강조하고 있다. 정부까지 나서서 우리 사회와 경제의 디지털 전환을 촉구하고 있는 것이다. 앞서 강조한 것처럼 IT 기반 산업이 이제는 전 분야로 빠르게 확산될 수밖에 없으며 일자리 창출도 IT 기반 산업에서 주로 이루어진다는 의미다. 애자일 조직 문화가 더는 기술 기업들만의 이야기가 아니라는 것이다.

넷플릭스의 9가지 행동과 기술 원칙 중 하나인 '임팩트(영향력)' 항목에는 '행동주의자가 되어야 하며 분석에만 몰두하느라 아무 일도 못하는 상황을 피한다'라는 내용이 나온다. 어떤 전략을 실행하기 전에

만에 하나 벌어질 수 있는 변수까지 고려해 여러 번 돌다리를 두드리는 것보다 일단 실행 후 개선과 보완 작업을 거치는 것이 요즘 세상에 맞는 순서라는 뜻이다. 충분한 검토를 하는 것도 중요하지만 이미 세상이 바뀌어 변화에 가속도가 붙었는데 지나치게 신중을 기하다 보면 경쟁사와의 속도 경쟁에서 뒤처진다. 그리고 해 보지 않은 상황에서 아무리 완벽한 준비를 한다 해도 예상치 못한 변수는 언제든 발생하기 마련이다. 지나치게 계획적으로 신중하게 움직이면 예상 못한 변수에 대한 대응력과 유연성이 오히려 떨어진다. 예상치 못한 상황에 유연하게 대응하는 역량이 변화가 많은 요즘 세상에서는 더 중요할 수 있다. **환경 변화에 맞춰 조직의 핵심 역량이나 비즈니스 모델도 언제든지 변한다. 이런 변화에 조직이 얼마나 민감하게 반응하고 대처하느냐는 이제 단순히 조직 성과의 관점을 넘어 조직 생존의 문제다. 빠른 속도와 변화에 유연하게 대처 가능한 애자일 조직 문화는 이제 많은 기업의 표준이 될 것이다.** 그렇다면 취업을 준비하는 20대는 물론이고 직장인들도 변화에 맞서 저항할 것이 아니라 오히려 빠른 수용과 적응을 통해 성장의 기회로 삼아야 한다. 저항하느라 시간을 낭비하지 말고 수용과 적응의 시간을 단축해 얼마나 빨리 셀프 트랜스포메이션 역량을 내재화하느냐가 조직과 조직 구성원 성장의 지름길임을 기억해야 한다.

16 스스로 알아서 돌아가는 조직 I

스스로 알아서 돌아가는 조직이란 어떤 의미일까? 단도직입적으로 설명하면 조직 구성원 각자가 자신의 직무에 대한 권한과 책임을 갖고 일하는 조직으로 주요 권한이나 직무의 중요도가 일부 조직 구성원에게만 집중되어 있지 않은 상향 평준화된 조직을 말한다. 조직은 이런 문화 조성을 위해 조직 구성원이 불필요한 에너지와 시간 낭비를 하지 않고 상위 단계의 본질에 집중할 수 있는 환경을 만들어 주어야 한다. 그러려면 조직 내 힘의 논리에서 비롯되는 에너지 낭비를 없애야 한다. 조직 이익 관점이 아닌 개인과 부서 이익 관점의 불필요한 힘의 논리가 지배할 때 조직의 미래 가치는 점점 낮아지게 된다. 조직의 주요 정보 또한 직급에 따른 몇몇 특정인에게만 제한적으로 공유할 때 정보력 소유 정도에 따른 또 다른 영향력과 역학 관계가 발생한다. 언급한 사항들은 조직 정치라는 지양해야 할 조직 문화를 형성하는 원인이 된다. 사전에서는 조직 정치를 '조직 구성원이 조직에서 자신이 원하는 긍정적인 결과를 얻기 위해 공식적으로 인정되지 않는 방식으로 행사하는 영향력 또는 자기 위주의 행동'이라고 정의하고 있다. 스스로 알아서 돌아가는 상향 평준화된 조직을 구축하려면 이러한 조직 정치라 불리는 불필요한 힘의 논리가 지배하지 않는 조직 문화 환경을 먼저 조성해야 한다.

또한 지금까지 당연하게 생각했던 복잡한 프로세스와 시스템에 대해서도 다시 생각해 볼 필요가 있다. 52시간제 도입으로 기업의 부담이 커진 것은 사실이지만 이런 시기일수록 불필요한 시간 낭비를 줄일 부분이 무엇인지 고민하고 효율성을 저해하는 관례나 프로세스 제거 등의 실제적인 고민을 해야 한다. 포스트 코로나 시대에 속도의 중요성은 더 이상 논할 필요조차 없을 정도로 당연한 일이다. 이러한 녹록지 않은 상황 속에서도 조직의 본질인 성과와 성장에 집중하기 위해서는 상향 평준화된 조직원이 주도적인 역할을 하는 곳이어야만 한다. 그래야 외부 환경의 속도와 변화에 맞춰 언제든지 조직의 셀프 트랜스포메이션이 가능한 '빠른 조직'이 된다.

2번을 가장 중요시하는 조직 문화를 만들어라

스스로 알아서 돌아가는 조직이 되려면 우선 '중요도는 높지만 당장 긴급하지 않은 경우'에 해당하는 일들을 조직에서 현재 얼마나 준비하고 실행하고 있느냐를 점검해야 한다. 일 처리가 빠르고 효율적으로 일하는 사람들의 특징은 일의 우선순위를 둔다는 것과 집중력이 뛰어나다는 점이다. 별다른 목록이나 메모 없이도 계획대로 수행하는 사람도 있겠지만 변수가 많은 조직에서는 모든 것이 나의 계획대로만 움직이지는 않는다. 이때 사용하는 방법 중 하나가 중요도와 긴급도를 기준으로 우선순위를 구분하는 것이다.

1. 중요도와 긴급도가 모두 높은 경우
2. 중요도는 높지만 당장 긴급하지는 않은 경우
3. 중요도는 낮은데 긴급한 경우
4. 중요하지도 않고 긴급하지도 않은 경우

1번은 당장 처리해야 하는 일이고, 2번은 당장은 아니지만 미래 관점에서 중요한 일이므로 빨리 시작할수록 유리한 일이다. 3번은 시스템화하거나 효율성을 높일 수 있는 다른 방법을 활용해 소요시간을 줄여야 하는 일이고, 4번은 되도록 없애야 하는 일이다. 그리고 3번과

4번을 줄이거나 없애서 확보된 시간을 그대로 2번에 투자해야 한다. 2번은 미래 관점이지만 요즘처럼 변화가 빠르고 예측 불가한 상황에서는 언제든지 1번이 될 수 있는 일이기 때문이다. 조직의 장기적 이익을 고려한 새로운 프로젝트와 신사업, 시장 트렌드와 환경 변화 조사 및 의견 공유, 부하 직원 육성과 권한 위임, 새로운 기술 및 지식 습득 등은 모두 2번에 해당하는 일이다. 조직에서 2번의 중요성을 인지하고 적극적으로 내재화하려는 노력을 하지 않는다면 조직 구성원들은 당장의 생산성과 성과에만 집중하게 된다. 현재도 중요하지만 지금 당장 미래를 위한 준비를 하지 않으면 조직은 급격한 시장 변화에 직면했을 때 방향성을 잃게 된다.

그러려면 당장의 매출과 성과로 나타나지 않는다고 하더라도 새로운 도전을 격려하고 지지하는 조직 문화를 만들어야 한다. 조직에서 이 문화를 만들어 주지 못하면 조직 구성원들은 계속해서 1번과 3번에만 매달리게 된다. 2번은 현재 관점에서 1번과 같은 중요도를 가지며 미래 관점에서는 1번보다 훨씬 더 중요한 가치임을 조직적 차원에서 구성원들에게 인지시켜야 한다. 회사의 미래는 현재의 캐시카우 Cash Cow[1]에 필적할 만한 미래의 또 다른 캐시카우를 만드는 데 있다.

---

1 수익 창출원. 즉, 확실히 돈벌이가 되는 상품이나 사업을 의미한다. 시장 성장률은 낮지만 현재 시장 점유율이 높아 계속 현금을 발생시키는 사업 부문이다.

영원히 지속되는 캐시카우는 없다. 디지털카메라를 먼저 개발했음에도 필름과 아날로그 카메라를 놓지 못해 파산했던 코닥Kodak은 불명예스럽게도 실패 사례의 대표 일화로 종종 언급되곤 한다. 이전까지의 탁월한 성공 경험과 경영 스타일은 새로운 도전을 위한 조직의 변화를 오히려 가로막는 역할을 하기도 한다. 2번에 대한 구체적인 전략과 실행안, 실제 도입 후 개선 과정을 거쳐 정착까지 고려하면 꽤 오랜 시간이 걸린다. 준비는 필요할 때 하는 게 아니라 미리 하는 것이다. 중요도는 높지만 당장 긴급하지 않은 경우의 일들을 얼마나 미리 준비하고 실행하느냐에 따라 미래의 기업 존속 기간이 달라지게 된다.

실패를 독려하는 문화

사실 미래 관점에서 중요도가 높은 일은 조직에는 지금까지 존재하지 않던 새로운 일일 가능성이 크다. 새로운 캐시카우를 만들려면 새로운 도전과 변화 수용 및 혁신이 필요하다. 결과 예측에서 모호함이 큰 경우다. 실현 가능성이 큰 모호함의 추구가 가장 최선이긴 하지만 지나치게 이 부분을 강조하다 보면 누구든 선뜻 나서 시도하려 하지 않을 것이다. 구글과 아마존의 문화에서 가장 부러운 부분 중 하나가 바로 실패를 해도 되는 문화, 실패를 독려하는 문화다. 실패를 해야 더 나은 개선점을 찾고 그 과정 중에 새로운 혁신이 일어난다. 그러려면 어느 정도 위험 감수를 해야 하는데 이는 큰 용기가 필요한 일이다. 조직은 미래의 중요한 가치를 인식하고 적극적으로 참여하는 조직 구성원들을 독려해 다른 조직 구성원들 또한 긍정적인 영향을 받게끔 만들어야 한다. 물론 실패에 관대한 구글이나 아마존의 문화는 두 기업 모두 확실한 캐시카우가 있기 때문에 가능한 일이다. 확실한 수입 창출원이 있으니 실패에 대해 더욱 관용적인 태도를 보일 수 있지만 모든 기업이 이런 관용을 보일 만큼 상황이 여유로운 것은 아니다. 하지만 지나치게 당장의 성과와 생산성만 강조하다 보면 여전히 급한 불을 끄기 바쁜 조직으로만 머무르게 된다. 미래 관점에서 중요한 가치를 위한 준비를 지금부터 하려면 당장 어느 정도 손실이 발생하더라도 미래를 위한 기회비용으로 생각해야 한다.

17 / 스스로 알아서 돌아가는 조직 II

사업부 간, 직급 간, 직무 간 경계 낮추기

조직 내에서의 힘과 권력이 한 사업부나 특정 팀에만 집중되는 쏠림 현상을 없애고 직급 간 직무 중요도의 차이가 지나치게 명확한 것도 지양해야 한다. 오히려 이런 조직 문화는 규모가 큰 기업보다 중소기업에서 훨씬 더 중요하다. 인원이 많지 않고 규모가 작은 기업일수록 각 구성원에 대한 의존도가 더 높을 수밖에 없기 때문이다. 조직 이익 관점에서의 판단력을 갖춘 사람은 힘과 권력의 집중에 관심을 가지지 않는다. 하지만 조직에 이런 성향의 직원들만 있는 것은 아니다. 권한을 권력으로 오인하는 상황을 애초에 만들지 않으려면 전통적인 관료제의 수직적인 구조에서 벗어나 탈관료제의 유연한 조직 구조를 갖추어야 한다. 확실한 위계질서와 직급 간 역할 정의가 분명한 피라미드 구조 조직의 경우 보통 세 종류의 명확한 경계선이 존재한다. 사업부 간의 경계선, 직급 간 경계선, 그리고 직무 간 경계선이다. 이 세 종류의 경계선이 명확할수록 협업과 정보 공유에 걸림돌로 작용하며 업무 처리 속도는 느려진다. 그리고 각각의 확실한 경계는 서로 간의 접근성을 어렵게 만들어 소통과 커뮤니케이션의 제약 요소가 되기도 한다.

테슬라의 경우 입사와 함께 '근로 지침서에 반하는 근로 지침서'라는 책자를 받게 된다고 3장에서 언급했다. 이 핸드북 내용 중 '커뮤니케이션' 내용 일부를 소개한다.

> 테슬라에 근무하는 직원이라면 누구나 조직의 이익을 위해 가장 빠른 문제 해결 방법이라는 생각이 들 때 대상에 관계없이 누구에게나 자유롭게 이야기하고 이메일을 보낼 수 있다. 그 대상은 당신의 상급자 혹은 그 상급자의 상사가 될 수도 있고 직접 타 부서 총괄 임원이나 나에게 바로 얘기하는 방식일 수도 있다. 조직의 이익을 위한 의견을 진달하는데 있어서 누군가의 허락은 필요치 않다. 더욱이 옳은 일이 행해질 때까지 반드시 그렇게 해야 할 의무가 있다는

사실을 명심하기 바란다.

수직적인 보고 체계가 아닌 수평적인 보고 체계의 중요성을 강조하고 있다. 변화에 민감하고 속도와 효율을 중시하는 글로벌 IT 기반 기업들이 경계선을 낮추고 권한을 분산시켜 수평적인 조직으로 운영하는 가장 중요한 이유를 단적으로 보여 주는 내용이다. 빠른 외부 환경의 변화 속도에 즉각적으로 대응하려면 조직 구조와 문화 자체가 여기에 적합하도록 운영되어야 한다. 전형적인 피라미드 구조에서는 꼭대기에 있는 소수에게 권한이 집중되어 있기에 결재나 승인에 오랜 시간이 걸린다. 부서 간 중요 커뮤니케이션도 관리자급 이상끼리 의견을 공유한 후 각 부서의 구성원에게 전달하는 경우가 많다. 소위 비슷한 직급끼리의 커뮤니케이션이 관례로 자리 잡고 있어 실제 업무를 담당하는 현업 담당자가 자신의 업무에 필요한 정보를 직급에 관계없이 타 부서에 바로 요청하는 일이 쉽지만은 않다. **신속한 의사 결정을 위해 불필요한 거품을 거둬 내야 한다. 직급 간 의사소통 절차 대신 권한 위임으로 결정권을 분산시키고 부서 간 경계를 낮춰 협업과 정보 공유를 원활하게 하며 직무 간 중요도에 따른 보이지 않는 경계선을 없애 특정 직무에 중요도가 쏠리는 현상을 없애야 한다.**

상호 의존이 아닌 자기 주도성

평생직장 개념이 사라진 요즘 많은 이들이 더 좋은 기회가 생기면 언제든 이직을 선택한다. 조직도 마찬가지다. 어떤 조직 구성원이 퇴사하더라도 지장을 받지 않는 조직 시스템과 프로세스를 구축해야 한다. 그게 바로 스스로 알아서 돌아가는 조직이다. 퇴사하면서 '우리 조직은 나 아니면 안 될 텐데'라는 생각을 한다면 대개는 두 가지 경우다. 전자는 나 없으면 안 될 정도로 권한 위임을 전혀 하지 않은 이기주의의 방증이고, 후자는 조직이 본인에 의해 좌지우지된다고 생각하는 바람일 뿐이다. 조직은 어떤 사람이 퇴사하느냐에 따라 정도의 차이는 있겠지만 그 사람이 빠진 일상에 빠른 속도로 적응한다. **만약 누군가의 퇴사로 인해 조직이 정말 큰 손실을 보았다면 그건 조직의 전반적인 구조와 프로세스를 시급히 재점검해야 한다는 강력한 위기 시그널이다.** 일부 조직 구성원에게 지나치게 의존하는 잘못된 구조로 인해 발생하는 심각한 리스크이기 때문이다. 조직과 조직원이 서로 의존 관계가 되어선 안 된다는 의미는 서로가 자기 주도성을 갖춰 의존이 아닌 성장을 돕는 윈윈Win-Win 관계가 되어야 한다는 뜻이다.

조직 구성원이 조직에 지나치게 의존할 때 생기는 맹점은 뭘까? 이곳이 아니면 안 되는 사람이 되어 버린다. 특히 비즈니스에 큰 변화가 없는 조직에서 한 직무에 오래 고정되어 있었다면 이에 따른 리스크는 더 커진다. 변화 없이 단조로운 비즈니스 구조를 가진 기업에 최적화된 인재이기에 다른 새로운 환경이나 변화의 속도가 빠른 조직에 적응하려 할 때 그만큼 큰 어려움을 겪게 된다. 머무르는 시간이 길어질수록 여기 아니면 갈 곳 없는 사람이 되어 버린다. 만약 새로운 회사로 이직이라도 하게 되면 그동안 내가 당연하다고 생각했던 것들이 결코 당연한 것이 아니었음을 그제야 깨닫게 된다. 한 조직에서 겪은 경험과 전문성은 그곳에 최적화된 가치일 뿐 모든 곳에서 통용되는 기준이 아니다. 한때 유행처럼 중소기업에서 대기업 출신 임원을 높은 연봉을 주며 영입하던 시기가 있었다. 하지만 회사가 애초 기대했던 것만큼의 효과를 보지 못하는 경우가 늘면서 무조건 대기업 출신이라고 해서 기대하거나 선호하는 경향은 많이 사라졌다. 대기업은 완벽한 프로세스와 체계가 잘 갖추어져 있는 곳이다. 직무 분석과 업무 흐름에 대한 가이드라인이 명확하고 결재 승인 과정도 여러 단계를 거치기에 소요 시간이 길다. 이런 체계 안에서 오랜 기간 근무한 사람이 전혀 다른 시스템과 조직 문화를 가진 중소기업에서 단기간에 성과를 내는 건 생각처럼 쉬운 일이 아니다. 중소기업 입장에서는 고액의 연봉을 제시해 스카우트한 인재이니 최고경영진은 물론이고 조직 내 모든 사람이 주시하게 된다. 경영진 입장에서는 기대감이 크겠지만 그 외 구성원들은 좋은 시선보다는 의구심과 경계 어린 시선으로 바라보는 경우가 더 많으며 때로는 보이지 않는 텃세도 존재한다. 영입 실패 사례가 늘어나면서 이제는 대기업 출신이라고 해서 무조건 선호하지는 않는다.

이처럼 어떤 특정 조직 형태나 비즈니스 구조에 오랜 기간 특화된 사람이 가지게 되는 리스크가 특히 더 큰 이유는 현재 우리 산업 생태계가 고정된 조직 형태와 비즈니스 구조를 오랜 기간 유지하는 것이 점점 어려워지고 있기 때문이다. 여기에 코로나19까지 더해져 이런 기조가 점점 더 강해지고 있다. 전통 제조업이나 여행·항공업, 의류업, 유통업계가 직격탄을 맞았고 생존을 위한 자구책 마련에 안간힘을 쓰고 있다.

세상의 변화 속도가 너무 빠른 요즘 같은 시대에는 작년에 유효했던 전략과 경험치가 올해에는 정답이 아닐 수도 있다. 빠른 환경 변화와 트렌드를 감지하고 이에 맞춰 수시로 변형할 수 있는 셀프 트랜스포메이션 조직 구조를 갖추어야 변화에 따른 빠른 대응과 의사 결정이 가능하다. 그러려면 직급, 부서, 직무 간 문턱을 낮춰 속도와 변화 유연성을 높여야 한다. 각각의 경계를 낮추고 적절한 권한 위임으로 직무에 대한 결정권을 소수가 아닌 전체로 확장하는 건 일종의 직원 육성 차원의 승계 계획Succession Planning과도 관련이 있다. 권한과 책임이 소수에만 집중되어 있으면 그 소수가 이직이나 다른 이유로 부재 시 조직의 공백과 타격이 너무 크다. 권한과 책임을 소수가 아닌 전체로 적절히 분산시켜 그 누가 빠지더라도 스스로 알아서 돌아가는 조직 구조를 갖추어야만 한다. 알아서 돌아가는 조직은 결국 조직과 조직원 모두가 자기 주도성을 가지고 변화에 대응하는 유연성과 빠른 문제 해결력을 가진 셀프 트랜스포메이션 조직이다.

18 조직과 조직원 간 쌍방향 파트너십

'온정주의'가 아닌 서로의 성장을 돕는 '윈윈 관계'

아마존이 조직 구성원들에게 요구하는 가장 중요한 역량 중 하나가 스스로 문제를 해결하는 능력이다. 이런 자세가 준비되어 있는 조직원에게 있어 권한 위임은 동기부여라는 강력한 기제로 작용하며 개인의 성장과 경력의 확장을 돕는다. 하지만 권한에는 책임이 따른다. 권한과 자유를 누리는 만큼 성과에 대한 책임은 구성원의 몫이다. 넷플릭스 전 최고인재책임자 패티 맥코드는 기업을 스포츠팀에 비유하며 팀이 지속적인 성과와 최고의 선수에 집중하듯 회사도 계속해서 인재를 찾고 성과를 내지 못하는 직원은 선수를 교체하듯 멋지게 헤어질 줄 알아야 한다고 말한다. 성적이 부진한 선수를 퇴출하는 게 당연하듯 직원도 마찬가지며 아무리 좋은 직원이라도 그의 기술이 더 이상 필요하지 않다면 기꺼이 작별인사를 해야 한다는 것이다. 너무나 명확하지만 그래서 조금은 냉정하다는 생각까지 든다. 우리나라 기업의 조직 문화에는 아직도 특유의 온정주의라는 것이 흐른다. 최근에는 온정주의를 합리적인 의사 결정을 저해하는 부정적인 요소로 간주하는 경향이 높아지는 추세다. 고용주가 아닌 근로자 입장에서 볼 때 서로가 동등한 위치에서 출발하는 게 아니니 사라져야 할 관습이라는 생각이 든다. 하지만 아이러니하게도 결정적인 순간에는 고용주와 근로자 모두 온정주의에서 벗어나지 못할 때가 많다.

'어떻게 나한테 이럴 수 있어? 내가 지금까지 회사에 기여한 게 얼만데'. 한 번쯤은 이렇게 생각해 본 적 있을 것이다. 결정적인 순간에 온정주의에 기댄 표현이다. 나는 이 말을 좋아하지 않는다. 지금까지 기여한 성과는 과거다. 조직의 현재와 미래를 위해서 내가 여전히 기여할 수 있느냐가 더 중요하다. 평생직장 개념은 이미 사라진 지 오래다. 조직이 더 이상 나의 안전한 고용을 보장해 주지 못한다는 걸 누구나 알고 있다. **포스트 코로나 시대의 조직과 조직 구성원은 서로가 서로의 성장을 돕고 활용하는 윈윈 관계라는 사실을 인지해야 한다. 그게 바로 셀프 트랜스포메이션형 인재와 조직이다.** 서로의 성장을 돕고 활용하는 원원 관계가 되지 못한다고 판단되면 작별을 고하는 것이 서로에게 이득이다. 구성원이 자신을 성장시킬 수 있는 다른 곳으로의 이직을 선택하든 조직이 더 이상 조직 성장에 도움이 되지 않는 구성원에게 현실을 직시하게 만들든 둘 중 하나다. 어설픈 온정주의는 양쪽 모두의 미래에 도움이 되지 않는다. 서로가 현실을 직시하고 부족한 부분을 보완해 성장할 수 있는 기회를 늦출 뿐이다. 그런 의미로 조직원에게 강요된 주인 의식을 강조할 필요도 없고 조직을 향해 '어떻게 나한테 이럴 수 있어?'라고 반문할 필요도 없다. 과거의 영광에 취해 현재의 트렌드를 읽지 못하고 부족한 부분을 메우려는 성장을 도모하지 않았다면 조직이 그러했든 아니면 조직 구성원이 그러했든 그 책임은 각자의 몫이다.

조직은 조직원의 목소리에 귀 기울여야 한다. 하지만 구성원도 대안이나 개선책에 대해 함께 고민할 자세가 되어 있어야 한다. 조직과 조직원이 '서로를 성장시키고 활용하는 원원 관계'라는 인식이 전제되지 않는 한 포스트 코로나 시대의 생존력은 절대로 갖출 수 없다. 어느 한쪽이 아닌 양쪽 모두 갖추어야 할 자세다. 근래에는 세계적으로 온정주의 대신 파트너십(공동의 사업추진자) 개념이 점차 강조되고 있다. 기업과 근로자 간 파트너십을 가진다는 건 어떤 의미일까? 기업은 구성원에게 확실한 권한을 주고 권한을 위임받은 구성원은 자기 주도적인 자세로 성과를 증명하는 것이다. 권한을 주지 않으면서 자기 주도적 인재를 원하는 것도 모순이고 권한 위임을 원한다면서 성과에 대한 의무와 책임 앞에서는 소극적으로 변하는 것 역시 모순이다. 파트너십은 쌍방향이다. 어느 한쪽이 지나치게 기울어진다면 기울어진 쪽에서 더 많은 노력을 기울여 높이를 맞춰야 한다. 셀프 트랜스포메이션 조직에는 셀프 트랜스포메이션 인재가 필요하다. 조직과 조직 구성원 모두 결정적인 순간에 온정주의에 기대기보다는 현실을 직시하는 냉철함이 장기적으로 서로의 성장에 플러스라는 사실을 반드시 기억해야 한다.

이제 준비운동은 끝났다

"세계는 코로나 이전(BC: Before Corona)과 코로나 이후(AC: After Corona)로 나뉠 거다". 《뉴욕타임스》 칼럼니스트인 토머스 프리드먼 Thomas Friedman이 한 말이다. 예수의 탄생 전과 후를 기준으로 기원전B.C.과 기원 후A.D.로 구분한 것에 빗댄 표현이다. 그만큼 현 상황은 동시대를 살아가고 있는 우리에게 시사하는 바가 크다. 포스트 코로나 시대를 살아가고 있는 우리 모두에게 동일한 질문이 주어졌다. 앞으로 우리는 어떻게 살아가야 할 것인가? 이미 우리 사회는 산업, 경제, 문화 등 전 영역에 걸쳐 빠른 속도로 빅 리셋 중이다. 그리고 빅 리셋의 한가운데 산업 경제의 중심인 기업이 있다. 조직과 조직 구성원 관점에서 빅 리셋을 위한 구체적인 로드맵을 그리기에 앞서 점검해야 할 사항과 방법론을 책에 담았다. 이제 준비 운동은 끝났다. 셀프 트랜스포메이션의 중요성을 충분히 인식했다면 지금부터는 내재화 과정을 통해 근본적인 변화에 집중해야 한다. 더는 지체할 시간이 없다. 이제 남은 건 가장 중요한 실행이다. 여기서부터는 당신의 몫이다.

에필로그

셀프 트랜스포메이션, 더 이상 선택의 문제가 아니다

하필 가장 무거운 시기에 책 쓸 결심을 하게 됐다. 전혀 무관해 보이는 코로나19 상황이 가장 강력한 집필 동기였다. 2020년 연초에 계획했던 모든 일이 코로나로 인해 취소되면서 외출하지 않고 할 수 있는 가장 생산적인 일이 무엇일까 하는 고민에서 출발했다. 희박한 가능성으로만 몰래 품고 있던 책 집필이 우선순위의 최상단을 차지하는 데 불과 3일밖에 걸리지 않았다. 그렇게 코로나19라는 엄청난 변수 앞에 희박했던 가능성은 현실이 되었다. 인생은 늘 계획대로 흘러가지 않는다. 그리고 나는 인생의 변수나 예측 불가한 면을 싫어하지 않는다. 계획에서 벗어났다면 그 상황에 맞는 최선을 선택하면 된다. 결정은 쉬웠고 과정은 쉽지 않았지만 '돌다리를 여러 번 두드리는 대신 일단 하고 보완하자'에 가까운 나의 삶의 태도 덕분에 또 한 번의 소중한 경험을 인생에 추가하게 됐다.

자고 일어나면 업데이트되는 뉴스를 볼 때마다 '급변하는 경영 환경 속에서'라는 진부한 표현이 진심으로 마음에 와닿는다. 단지 '변화'라는 단어로 지금의 현실을 설명하기에는 심각성에 비해 너무 가볍다는 생각까지 든다. '변혁'에 가까운 일들이 마치 일상이었던 것처럼 벌어지고 있다. 점진적으로 단계를 밟아 나아가는 수준의 변화가 아니라 기승을 건너뛴 채 바로 전결로 직진해 버린 느낌이다. 현 상황을 보고 있으면 '레드퀸 이펙트Red Queen Effect(붉은 여왕 효과)'라는 경영학 용어가 떠오른다. 붉은 여왕은 『이상한 나라의 앨리스』의 후속작인 『거울 나라의 앨리스』라는 소설에 나오는 인물이다. 앨리스가 붉은 여왕과 함께 숲속을 뛰면서 전력 질주를 하는데 왜 숲에서 벗어날 수 없는지 묻자 붉은 여왕은 "여기서는 모든 게 뒤로 움직이기 때문에 같은 속도로 달려봐야 항상 제자리일 뿐이고 여기를 벗어나려면 최소한 지금보다 두 배는 빨리 뛰어야 한다"라고 대답한다. 변하려 해도 나뿐 아니라 경쟁자와 주변 환경도 끊임없이 변화하기 때문에 상대적으로 뒤처지거나 제자리에 머무는 현상이라는 뜻이다. 조직이 계속해서 변화를 추구해도 산업 환경과 경쟁자의 변화 속도가 더 빠르면 조직은 잘해야 제자리걸음이고 결국은 도태할 수밖에 없다. 요즘 상황에 딱 맞는 표현이 아닌가 싶다. 영원한 1등은 없다. 안일하게 대처했다가 역사의 뒤안길로 사라진 기업들을 지금까지 우리는 수없이 봐왔다.

2020년 6월 영국 《파이낸셜타임스》는 전 세계 상장 기업을 대상으로 시가 총액 증가 규모를 집계해 '코로나19에도 시총 급증한 기업 TOP 10' 순위를 매겼는데 1위인 아마존에 이어 글로벌 IT 기업들이 모두 상위권에 이름을 올렸다. 아마존, 구글, 테슬라, 넷플릭스가 책의 예시로 자주 등장하는 건 나의 개인적인 기업 선호도 때문이 아니다. 조직 문화, 복리후생, 직원 친화적인 기업에 초점을 맞췄다면 기업 예시는 달라졌을 거다. 현재의 우선순위는 생태계에서 살아남는 거다. 이런 시기에 우리가 참고해야 할 기준은 언제든 '셀프 트랜스포메이션'이 가능한 생존력이 강한 기업이다. 조사 기관마다 차이는 있지만, 조직의 수명을 대략 20년 미만으로 보고 있다. 인간의 수명은 점점 길어지는데 조직 수명은 점점 짧아지고 있다. 저성장, 저출산, 초고령화라는 3대 악재에 코로나19까지 더해져 앞날이 더욱 불투명해졌다. 코로나 상황이 종식된다고 해도 크고 작은 변화들은 끊임없이 우리 앞을 막아설 거다. '빅 리셋'을 통해 우리가 반드시 갖추어야 할 역량인 셀프 트랜스포메이션을 사고 체계의 하나로 내재화해야 하는 이유다. 셀프 트랜스포메이션 역량을 장착한다는 건 조직과 조직 구성원 모두에 있어 경제 활동이 가능한 수명 연장을 의미한다. 밀려나지 않으려고 지키기에만 급급한 생존이 아니라 변화에 맞춰 스스로를 언제든지 전환할 수 있는 고차원의 생존력이다. 셀프 트랜스포메이션 사고를 완벽히 장착해 아마존 정글과도 같은 산업 생태계에서도 지속 가능한 역량을 발휘하기 바란다.

내가 책을 쓰겠다 결심한 것도 셀프 트랜스포메이션의 좋은 예가 아닐까 싶다. 전혀 예기치 못했던 상황에서 사고를 전환해 우선순위를 변경하는 변화 유연성을 발휘했으니 말이다. 물론 과정이 쉽지만은 않았다. 내가 과연 책 쓸 그릇이 되는 걸까? 겸손이 아닌 현실 직시의 시간이었다. 시간이 지날수록 커지는 부끄러움은 고스란히 나의 몫이겠지만 조금이라도 덜 부끄럽기 위해 에너지를 쏟은 소중한 시간이었다. 수많은 자기계발서에서 '인생의 꿀팁'같은 조언들을 쏟아내지만 결국 수용과 변화라는 선택은 개인의 몫이다. 책을 읽는 행위는 매우 정적인 듯 보이지만 책의 영향을 받아 사고를 확장하고 변화하는 선택을 하는 행위는 매우 동적이다. 수동형이 아닌 능동형이다. 나의 책이 많은 사람들에게 능동형의 선택이 될 수 있기를 간절히 소망해 본다.

Get Yourself Future-Fit with Self-Transformation!

THE BIG RESET

빅 리셋

초판 1쇄 2021년 01월 21일

지은이 심효연

발행인 유철상
기획 정예슬
편집 정예슬, 박다정, 정유진
디자인 노세희
교정·교열 유관의
마케팅 조종삼, 윤소담

펴낸곳 상상출판
출판등록 2009년 9월 22일(제305-2010-02호)
주소 서울특별시 동대문구 왕산로28길 39, 1층(용두동, 상상출판 빌딩)
전화 02-963-9891
팩스 02-963-9892
전자우편 sangsang9892@gmail.com
홈페이지 www.esangsang.co.kr
블로그 blog.naver.com/sangsang_pub
인쇄 다라니
종이 ㈜월드페이퍼

ISBN 979-11-90938-34-1 (03320)

※ 이 도서의 국립중앙도서관 출판예정도서목록(CIP)은 서지정보유통지원시스템 홈페이지(http://seoji.nl.go.kr)와 국가자료공동목록시스템(http://www.nl.go.kr/kolisnet)에서 이용하실 수 있습니다.